MANSUY

COLLECTION MICHEL LÉVY

LE FOU
PAR AMOUR

MICHEL LÉVY FRÈRES, ÉDITEURS

OUVRAGES

DE

EUGÈNE DE MIRECOURT

Format grand in-18

COMMENT LES FEMMES SE PERDENT......	1 vol.
LA MARQUISE DE COURCELLES...........	1 —
LES CONFESSIONS DE MARION DELORME...	3 —
LES CONFESSIONS DE NINON DE LENCLOS.	3 —
MASANIELLO, LE PÊCHEUR DE NAPLES....	1 —
ANDRÉ LE SORCIER.......	1 —
UN ASSASSIN...........................	1 —
LE FOU PAR AMOUR	1 —
UN MARIAGE SOUS LA TERREUR..........	1 —
LE MARI DE MADAME ISAURE...........	1 —

CHATILLON-SUR-SEINE. — IMPRIMERIE E. CORNILLAC

LE FOU
PAR AMOUR

PAR

EUGÈNE DE MIRECOURT

PARIS
MICHEL LÉVY FRÈRES, ÉDITEURS
RUE AUBER, 3, PLACE DE L'OPÉRA

LIBRAIRIE NOUVELLE
BOULEVARD DES ITALIENS, 15, AU COIN DE LA RUE DE GRAMMONT

1874

Droits de reproduction et de traduction réservés

LE
FOU PAR AMOUR

I

Vers la fin du dernier siècle, existait un homme de lettres, un poëte qui s'appelait Gilbert. Cet homme de lettres, ce poëte a lutté contre les tendances impies et contre l'immoralité de son époque : il a succombé. Gilbert était mon compatriote.

J'ai là sur son histoire des documents précieux, recueillis dans les Vosges par un vieil académicien très-connu. La goutte lui a permis de faire une excursion jusqu'à Fontenoy-le-Château, patrie de la victime des Encyclopédistes. Il m'envoie ses notes sur Gilbert.

« Sortez un instant, m'écrit-il, de vos querelles et de vos luttes pour raconter une histoire qui a plus d'une analogie avec la vôtre : il faut de temps à autre que l'arc se détende, et ceux qui vous lisent n'y perdront rien comme intérêt. » — « Soit, mon vieil ami, lui ai-je répondu. Vous êtes mon oracle ! »

En conséquence, je n'hésite pas une minute, chers lecteurs, et je vous emporte en plein XVIIIe siècle.

Nous sommes en l'an de grâce 1769. C'est jour de grande chasse à Choisy. Vingt-huit faisans, quinze chevreuils, six daims et trois cerfs ont eu l'honneur de se faire tuer par Sa Majesté Louis XV. Ils gisent, saignants et mutilés, sur une des pelouses du parc.

— Merci, duc; assez de massacre, dit le Bien-Aimé, repoussant un nouveau fusil damasquiné d'or et prêt à faire feu, que lui présente M. de Ventimille, colonel aux gardes-françaises, ne troublons pas davantage ces pauvres animaux : les cerfs entrent dans la saison de leurs amours. Comment vont les vôtres, cher duc?

Le courtisan tressaille et se hâte de répondre :

— Sa Majesté parle sans doute des cerfs de ma terre de Ventimille?

— Non, colonel, je parle de vos amours.

— Je n'en ai pas, Sire.

— Cherchez bien ! Il y a quelque part certaine danseuse...

— On m'a calomnié, Sire, je vous le proteste.

— Chut ! nous avons des renseignements positifs, et l'ami vous prévient que le roi ne veut plus de scandale !

Depuis environ six semaines, Louis XV, échappé comme par miracle à une maladie dangereuse, manifestait des projets de conversion qui ne devaient pas être de longue durée. Néanmoins l'archevêque les entretenait de son mieux. Madame Du Barry, penchée à son balcon de Luciennes, regardait du côté de Paris, soupirait et ne voyait rien venir.

— Votre femme est morte, il y a quatre mois à peine, continua Louis XV jetant à son interlocuteur un regard qui acheva de déconcerter celui-ci, et vous devriez mieux observer le décorum, d'autant plus que madame la duchesse de Ventimille a succombé au chagrin.

— Ah! Sire, qui a pu vous apprendre?...

— Peu vous importe, puisque nous le savons.

Se ravisant tout à coup et prenant le fusil des mains du colonel, le monarque ajusta une biche qui traversait les clairières voisines. La détonation se fit entendre. Blessé à mort, l'animal vint tomber à quelques pas du royal chasseur.

— Quel dommage! c'était une femelle qui allaitait : vous venez de faire des orphelins, Sire, dit M. de Ventimille, comptant beaucoup sur l'incident pour changer la conversation.

— Pauvre bête! en effet, répondit Louis XV. Heureusement ces orphelins, à défaut de leur mère, trouveront mes gardes-chasses. Vous avez eu des enfants de madame la duchesse?

— Un seul, répondit le duc, dont le visage se colora d'une rougeur subite.

— Qu'est devenu cet enfant?

— Sire, il est mort.

— Voilà qui est singulier! de mauvaises langues affirment qu'il existe et que ce doit être, à l'heure où je vous parle, une fort jolie fille à donner en mariage à l'un de nos fidèles gentils-hommes. Je veux, à ce propos, vous conter une histoire, mon cher colonel.

Louis XV posa familièrement la main sur l'épaule de M. de Ventimille et prit avec lui la direction de l'avenue où stationnaient les voitures.

— Il y a dix-sept ou dix-huit ans environ, commença le roi, qu'un soldat de fortune, enrichi par des tripotages financiers, achetait un brevet de duc et se mariait à une jeune héritière de très-vieille maison. Certes, il faisait là un beau rêve et greffait sa noblesse de fraîche date sur un arbre généalogique, dont la souche remonte à huit siècles. Mais passons ! De simple lieutenant aux mousquetaires, notre soldat de fortune devint colonel aux gardes-françaises. Il était très-épris de sa femme et conséquemment jaloux. Obligé de quitter Paris pour nous suivre en

Flandre contre les Impériaux, il songeait avec effroi que le faible rempart de l'amour conjugal pouvait être battu en brèche par certains séducteurs de notre cour, dignes émules des roués de la Régence.

— Et ces craintes se sont réalisées, murmura le duc d'une voix sombre.

— Vous vous êtes figuré cela, dit froidement le roi.

— J'ai eu des preuves, Sire ! Le baron de Simiane a porté la peine de son crime.

— Oui, vous l'avez tué. Chez vous la vengeance est tenace ; mais votre plus grand tort fut d'étendre cette vengeance à une femme innocente.

— Sire, j'ai déjà eu l'honneur de vous déclarer que des preuves..

— Eh, non, monsieur le duc, ces preuves étaient fausses ! Les roués en question s'appliquaient à compromettre la femme qui leur résistait, se vantant partout d'un triomphe qu'ils n'avaient pu obtenir. Je sais que le baron mourant a démenti de lâches insinuations. Un digne ecclésiastique a reçu ses aveux ; il faudra vous décider à ajouter foi au plus sacré de tous les témoignages, celui du confesseur.

— Que Votre Majesté me pardonne, mais c'est impossible, répondit le colonel.

Louis XV lui lâcha le bras et dit avec un ton qui n'admettait plus de réplique :

— Aujourd'hui même, ce soir, vous entendrez celui que je vous ordonne d'entendre. Il vous attend à votre hôtel de la rue du Bac. C'est déjà beaucoup trop que madame de Ventimille ait été victime de votre opiniâtre persistance à la croire coupable : il ne faut pas qu'une héritière légitime soit dépouillée par d'injustes soupçons. Votre fille n'est pas morte. Nous la destinons au comte Rodolphe de Choiseul, fils de notre premier ministre, et nous vous donnons huit jours pour nous la présenter.

En ce moment, les équipages arrivèrent au devant du roi, qui monta brusquement en carrosse. L'attelage partit et se dirigea vers le château, sans que M. de Ventimille eût osé ajouter une parole, tant l'ordre qu'il venait de recevoir était formel.

— N'importe, je lutterai ! cria-t-il, se frappant le front avec colère.

Il se dirigea du côté des remises, monta lui-même en voiture et prit le chemin de Paris. Moins de deux heures après, il était dans les coulisses de l'Opéra.

— Quoi ! monseigneur, déjà de retour ? dit, en accourant à sa rencontre, un démon femelle, poudré, musqué, vêtu de gaze.

— Oui, Séraphine, répondit le duc avec un soupir.

— Miséricorde ! quel air déconfit vous avez ce soir ! Est-il arrivé quelque malheur?

—Non. Je suis venu pour rompre sans bruit, à l'amiable.

— Bah ! vous allez donc vous remarier?

— Non.

— Vous faire trappiste ?

— Ni l'un ni l'autre. Achetez cet écrin dont vous avez envie, et envoyez à mon intendant la note du joaillier. Vous ne refuserez pas, en outre, une modeste inscription de rente sur l'État ?

— Je m'en garderai bien, monseigneur : vos procédés sont d'une délicatesse !...

— Adieu, Séraphine.

— Adieu, monsieur le duc.

Et la sylphide s'envola pour ne pas manquer son entrée.

— De cette façon, pensa M. de Ventimille en

prenant le chemin de la rue du Bac, le roi verra que la conviction seule du crime m'empêche de me soumettre.

Un ecclésiastique attendait effectivement à son hôtel.

— Il paraît, monsieur, que j'ai devant moi un dénonciateur ? cria le duc de prime-abord, sans daigner répondre au salut plein de tristesse et de gravité qui accueillait sa présence. J'ai promis de vous entendre, mais non de vous croire.

— Si vous m'aviez entendu jadis, répondit le personnage à qui s'adressait cette brusque apostrophe, votre femme vivrait encore et cet enfant que vous croyez le fruit de l'adultère...

— N'en est pas moins à moi quand même, n'est-il pas vrai ? interrompit M. de Ventimille. *Is pater est...* et mon plus court, allez-vous dire, sera de le reconnaître? Jamais, monsieur, jamais !

— Cet entretien changera votre résolution, je l'espère.

— N'y comptez pas.

— Regardez-moi, dit l'ecclésiastique ; depuis votre voyage à Naples, mes traits sont-ils devenus méconnaissables?

Le colonel tressaillit. Saisissant un flambeau, il l'approcha de la figure de son interlocuteur et jeta un cri où l'épouvante se mêlait à la rage.

— Vous?... c'est un rêve !

— Non, monsieur le duc, je suis le baron de Simiane.

Celui qui se donnait ce titre et ce nom fit un pas vers M. de Ventimille, ouvrit sa robe noire à la hauteur de la poitrine et ajouta :

— Vous n'êtes point en face d'une ombre : voici la cicatrice de la blessure.

— Aviez-vous besoin d'un déguisement, et ne pouviez-vous me demander une revanche sans tous ces détours? Ma haine vous l'eût accordée sur l'heure.

— Je n'ai pris aucun déguisement; je suis prêtre. Le baron de Simiane, oublié de tous, n'a voulu se révéler qu'à vous seul. Depuis longtemps il est mort aux intrigues du monde; vous n'avez plus le droit de le soupçonner de mensonge. Veuillez m'écouter, je vous en supplie.

Un geste de refus énergique fut toute la réponse qu'il obtint.

—N'oubliez pas que Sa Majesté vous ordonne de m'entendre, reprit-il avec fermeté. D'ailleurs je serai bref, et vous pourrez, si bon vous semble, à la fin de mon discours, donner carrière à votre rancune.

— Je l'espère bien ainsi, murmura le colonel d'une voix sourde et menaçante.

— En 1751, commença M. de Simiane très-ému, je rencontrai dans les salons de Paris madame de Ventimille, jeune, belle, séduisante. Vous étiez en Allemagne, je lui déclarai le sentiment qu'elle m'inspirait... Oh! ne tressaillez pas ainsi! Je me hâte de vous le dire : jamais par un mot, par un regard votre femme n'avait encouragé cette folle démarche. Elle accueillit mes aveux avec une indignation profonde.

— Osez-vous parler de la sorte, quand des faits irrécusables peuvent vous démentir?

— Je vous mets au défi de prouver le contraire de ce que j'avance! dit l'ecclésiastique dont les yeux devinrent humides. Madame de Ventimille est une sainte; vous devez respecter sa mémoire!

Le colonel haussa les épaules.

— Puisque le roi me condamne à cet absurde

entretien, poursuivez, monsieur, dit-il, poursuivez !

— Toutes mes tentatives de séduction, je le jure, échouèrent contre la vertu de la duchesse. Repoussé avec perte, ne conservant plus aucune espérance et peu soucieux de ma fortune et de ma vie, je me jetai dans une conspiration contre le ministre. On m'emprisonna d'abord, puis on me chassa du royaume. L'exil ne guérissant pas ma fatale passion, je pris le parti de me consacrer à Dieu. J'allais entrer dans les ordres, quand un soir, à Naples, je reçus de vous la sommation de me rendre, à huit heures, si je n'étais pas un lâche, derrière le théâtre San-Carlo.

— Oui, je vous avais cherché deux ans.

— Vous ne me ferez pas l'injure de croire que je me cachais, monsieur, et si j'eusse prévu...

— De grâce, abrégez, abrégez ! dit M. de Ventimille avec un geste de fatigue.

— Je me rendis en habit de laïque derrière San-Carlo. Toutes mes instances pour obtenir une explication se trouvant inutiles, ma poitrine s'offrit à vos coups sans que mon bras crût devoir menacer la vôtre, et je reçus alors cette blessure que vous avez jugée mortelle. Je ne cherchai pas à démentir le bruit de ma mort généralement accrédité en France, et vous n'auriez plus entendu parler de moi, si je n'eusse appris, trop tard, hélas ! que vous aviez arraché des bras de sa mère et repoussé de votre maison un enfant qui est le vôtre.

Sans répondre, le colonel se leva. Il prit un coffret d'ébène sur un guéridon voisin, l'ouvrit et en tira une lettre dont il fit tout haut la lecture.

Cette lettre était ainsi conçue :

« Je me suis jetée aux genoux du ministre,
» mon cher Emmanuel ; mais il est inflexible. Tu
» souffres, on te retient dans un cachot : hélas !
» tu n'es pas le plus à plaindre ! Mon mari arri-
» ve ce soir. Je devrai subir les odieuses cares-
» ses d'un être que j'abhorre et lui faire hom-
» mage de cet enfant que je porte dans mon
» sein. Pourtant, Emmanuel.... ô mon Dieu !
» mon Dieu ! suis-je assez malheureuse ! »

« Olympe. »

— Vous ne soupçonniez pas l'existence d'un tel autographe, dit le duc avec une ironie sanglante. Comme la missive vous était écrite à l'époque de votre détention, le cabinet noir a jugé convenable de me la remettre plutôt qu'à vous.

— Monsieur de Ventimille, s'écria le prêtre, cette lettre qui a motivé vos rigueurs, cette lettre qui vous a fait renier votre fille, est l'œuvre ténébreuse d'un faussaire ! Quelque misérable, repoussé comme moi dans ses tentatives, aura commis ce crime.. A mon tour de vous donner des preuves !

Il tira de l'une des poches de sa robe et déploya sous les yeux de son interlocuteur une autre lettre, que celui-ci parcourut en donnant des marques de saisissement.

« Si vous avez pu supposer, monsieur le ba-
» ron, que je foulerais aux pieds mes devoirs
» d'épouse et de mère, vous m'avez fait une cruelle
» offense. Quand même un sentiment coupa-
» ble serait entré dans mon cœur, je saurai mou-
» rir avant de l'avouer à celui qui me l'aurait
» inspiré. Je repousse vos aveux et je vous supplie
» en grâce de ne plus paraître à l'avenir dans les
» cercles que je fréquente. Vous êtes à plaindre
» de ne pas croire à la vertu.

» OLYMPE DE BOISSY, DUCHESSE
DE VENTIMILLE. »

— A présent, monsieur le duc, reprit le malheureux prêtre avec des sanglots, il faut me regarder moi-même comme un faussaire, ou demander à Dieu votre pardon sur la tombe de celle que vous avez rendue martyre !

Le jour qui suivit cet entretien, M. de Simiane retournait en Italie avec la résolution de s'ensevelir à tout jamais dans un cloître. Quant au colonel, se décidant à obéir aux ordres de Louis XV, il courait la poste à toutes brides et se dirigeait du côté des provinces de l'Est.

En parcourant les Vosges, vers la fin du dernier siècle, le voyageur rencontrait de distance, en distance quelques scieries isolées, faibles exploitations perdues dans la montagne, et remplacées, de nos jours, par des mécaniques plus actives, mais beaucoup moins pittoresques. Çà et là, toutefois, on retrouve encore aujourd'hui quelques-unes de ces modestes usines, construites par nos pères, et dont le toit de chaume, orné de campanules roses et bleues, se détache comme une gracieuse aquarelle sur le rideau noir des sapins. Ordinairement elles sont bâties sur la rive d'un ruisseau qui tombé en cascades des sommets d'alentour, s'épure en filtrant sous la mousse des rochers et vient bondir, limpide et joyeux, dans la vallée verdoyante. Après avoir mis la scie en mouvement, ce ruisseau prend une à une les planches raboteuses qu'on lui confie, les porte à la rivière voisine au travers des gorges des montagnes, ou va les déposer à quelque autre scierie, dont la première est une succursale. Parfois, en hiver, à l'époque de la fonte des neiges, ou en été, si un orage éclate, il se change en torrent et déracine des sapins, qui viennent tomber sur l'usine avec le bruit de l'avalanche. Trop souvent il lui suffit d'un jour pour détruire les fruits de plusieurs années de labeur et pour ruiner le montagnard qu'il commençait à enrichir.

A l'époque où se passe notre histoire, le plus grand nombre des scieries des Vosges appartenaient à de riches propriétaires d'Épinal ou de Remiremont, et se donnaient à bail à des paysans.

Toutefois, celle de Jacques Remi n'était point dans ce cas. Elle ne *devait pas un sou à âme qui vive*, ainsi que le bonhomme le disait souvent lui-même à son neveu Gilbert et à Nicole, vieux scieur de long qui, du matin au soir, assis le long d'une écluse, présentait des amorces friandes aux truites du ruisseau, pendant qu'une nouvelle machine, récemment achetée, fonctionnait à sa place.

L'usine de Jacques Remi, située dans le voisinage de Fontenoy-le-Château, tout au pied de la montagne Saint-George, consistait en deux corps de bâtiment couverts en tuile, luxe inouï, devenu proverbial dans la contrée.

Mais Jacques possédait trente arpents de sapins, et la roue de son usine était en chêne : donc, il pouvait couvrir sa maison comme bon lui semblait.

Cependant quelques voisins jaloux se disaient à l'oreille que cette fortune avait été gagnée bien vite. A les entendre, elle ne provenait pas du travail de Jacques. Or, celui-ci laissait tourner les méchantes langues et n'en faisait pas moins bâtir un fort joli pavillon sur le plan dressé par un architecte de Raon-l'Étape.

Depuis trois jours, des rameaux entrelacés de rubans écarlates avaient été placés au sommet de ce pavillon mystérieux, ce qui voulait dire que les maçons y avaient mis la dernière main, lorsque Jacques y conduisit son neveu Gilbert, grand jeune homme qui s'était

enfui jadis du collége de Dôle en Franche-
Comté.

Gilbert était vigoureux comme un vrai fils
de la montagne. Il avait cette beauté, qui
réside moins dans la correction des lignes du
visage que dans le cachet poétique imprimé au
front des natures primitives. Ses manières
n'avaient pas été polies au contact du monde,
et sans doute il eût très-peu brillé dans un
salon, parce qu'il s'y fût trouvé à l'étroit; mais
il fallait le voir gravir les rochers à pic du mont
Saint-Georges, le fusil sur l'épaule et les
cheveux au vent! L'horizon des Vosges, la brise
des forêts, le souffle orageux des nuages, tout
cela était indispensable à sa vie. Tantôt abat-
tant avec la hache un pin séculaire, et tantôt
poussant du pied un roc miné par la tempête,
il écoutait dans la vallée le bruit de leur chute,
retentissant comme la grande voix de la

foudre; puis, semblable au génie de la montagne, il se montrait sur des hauteurs réputées inaccessibles. On eût dit qu'il essayait d'escalader le ciel comme les géants mythologiques.

Le neveu du propriétaire de l'usine avait une de ces imaginations ardentes qui se laissent aisément séduire par tout ce qui sort des règles ordinaires de la vie.

Plein d'enthousiasme à l'aspect des lieux où s'était écoulée son enfance, il méprisait les cités et leurs entraves de pierre; il méprisait la civilisation qui avait voulu le prendre, lui, sauvage enfant des montagnes, pour le façonner à l'esclavage des convenances, aux mœurs guindées du jour.

C'est pourquoi il s'était enfui du collége. Des professeurs, hérissés de pédantisme, comprimaient les élans de son esprit et ses joies naïves[1]. Il regagna la demeure de Jacques, avec la blouse de toile bleue, les guêtres longues et le large chapeau du montagnard.

Le bonhomme avait souri dans sa barbe, en voyant son neveu porter autour de lui des regards pleins d'inquiétude; notre collégien fugitif semblait demander une personne absente.

— Tu cherches Hélène, ta cousine? dit Jacques; eh bien! tu ne la trouveras plus, mon garçon.

Gilbert se tourna vers son oncle avec stupeur.

— Pourquoi cela? murmura-t-il.

— Parce qu'elle est à trente lieues d'ici. Je

---

[1]. Un des professeurs du collége de Dôle vivait encore en 1834, et se vantait d'avoir fait quelque chose de tous ses élèves, un certain Gilbert excepté.

l'ai conduite dans un pensionnat de Strasbourg, où elle doit rester quatre ans. J'espère qu'elle sera plus raisonnable que toi.

Quatre ans sans voir Hélène! Le neveu de Jacques Remi, trompé dans sa plus douce attente, alla pleurer sur la montagne. Il n'a déserté sa classe que pour rejoindre l'amie de son enfance, pour se perdre avec elle sous les allées ombreuses et solitaires des bois, ou pour l'aider à franchir cet escarpement de rochers qui laisse découvrir, dans un horizon brumeux, la chaîne des Vosges tout entière.

C'était là qu'un soir, voulant monter avec Hélène à la cime du roc, ils avaient trouvé la place occupée par un énorme vautour, exilé des Alpes, sa patrie, et relégué sur ce mamelon perdu.

La jeune fille poussa des cris de frayeur. Mais Gilbert donna la pâture aux petits de l'oiseau de proie, qui laissa les deux enfants se reposer près de son domaine. Un autre jour, à ce même lieu, vers lequel se dirigeaient presque toutes leurs promenades, le neveu de Remi dit à sa cousine :

— Supposons, Hélène, que mon oncle consente à nous marier : refuserais-tu d'être ma femme ?

— Non, Gilbert, répondit-elle avec trouble, et n'osant plus lever les yeux vers celui qu'elle avait aimé jusque-là comme un frère.

Une parole de son cousin venait de lui révéler l'existence d'un sentiment plus tendre. Attentif observateur, le vieux Jacques s'était dit :

— Diable ! diable ! ces deux enfants ne peuvent plus rester l'un près de l'autre. J'enverrai la petite en pension ; Gilbert partira pour le collége, et nous verrons à les marier plus tard.

Mais Gilbert était revenu du collége; pouvait-il rester quatre ans sans voir Hélène? Un matin il quitta l'usine et prit seul, à pied, le chemin de Strasbourg. Les oiseaux chantaient gaîment sous la voûte touffue des sapins; partout l'aubépine était en fleurs, et les pétales de la bruyère, secouées par la brise, émaillaient le sable fin du sentier. Gilbert marcha pendant deux jours allant droit devant lui comme l'hirondelle en voyage, franchissant les monts, et traversant les vallées. A la fin du troisième jour, il aperçut derrière les noyers de l'Alsace la flèche gothique de la vieille cathédrale.

Hélène était embellie. Elle avait changé son costume de paysanne contre la robe brune à liserés rouges de la pension ; les bandeaux noirs de ses cheveux encadraient son front pur et l'étude avait doucement pâli les roses de ses joues. Son cousin causa dix minutes avec elle ; puis il reprit la route de Fontenoy-le-Château.

Il rapportait des souvenirs et du bonheur pour tout le temps que devait durer la séparation. Hélène avait dit à Gilbert qu'elle s'instruisait avec plaisir. Gilbert acheta des livres. Il lut au bord du ruisseau de l'usine les œuvres de tous les poëtes du grand siècle ; il parcourut l'histoire au sommet de la montagne, visitant les âges, ornant sa mémoire, agrandissant ses idées et ses conceptions. Jamais toutefois la fantaisie ne lui vint de retourner au collége ; les murailles nues d'une classe eussent attristé ses rêves d'amour. Le jeune montagnard étudiait pour ne pas demeurer dans la science au-dessous d'Hélène ; il étudiait dans ces lieux qui lui parlaient d'elle, à l'ombre de ces forêts embaumées du parfum des

2.

pins, sur la cime de ces monts où le surprenait parfois la tempête. Mais la pluie pouvait battre son front, l'orage pouvait gronder à ses pieds, sans qu'il parût sentir la pluie, sans que le fracas de l'orage troublât ses méditations. Gilbert était devenu poëte !

Quatre ans se sont écoulés, et le bonhomme Remi ouvre à son neveu la porte du pavillon qu'il a fait construire.

C'est un petit logement d'un goût assez correct, avec salon, chambre à coucher et cabinet de travail. Un lit blanc comme la neige, un clavecin, quelques fauteuils, une ottomane, deux tables, un buffet en merisier, une bibliothèque dont les rayons attendent des livres, et un bureau placé sous la bibliothèque composent tout le mobilier de ces différentes pièces. La fenêtre en ogive, aux vitraux coloriés, laisse passer mille capricieux rayons de soleil, qui viennent jouer sur les tentures bleues. Ce gentil ermitage est entouré d'un jardin, que traverse un bras du ruisseau de l'usine. Des touffes de bruyère du Cap et des tiges de pervenches se mirent dans le cristal limpide ; des rameaux flexibles de clématites et de vigne sauvage grimpent au tronc des jeunes platanes ou forment des ponts de fleurs au-dessus des eaux pendant que les myrtes et les seringas se marient dans les plates-bandes avec le térébinthe odoriférant de la plaine et le houx panaché de la montagne.

— Hélène arrive aujourd'hui, dit Jacques. Demain je célèbre vos fiançailles. A la fin de l'été, le mariage. Tu habiteras avec ta femme ce pavillon.

Le jeune homme poussa un cri de saisissement.

— Voyons, du calme ! dit le vieillard. Je

n'entends pas que la joie te rende malade, mon garçon. Le moment est venu de te confier un secret, que je devais apprendre tôt ou tard : Hélène n'est pas ma fille.

— Ciel ! que dites-vous ? s'écria Gilbert.

— La vérité, parbleu ! Ne t'effraye pas ainsi. On dirait que je t'annonce un malheur. Les parents d'Hélène me sont inconnus. Ils prouvent assez, du reste, qu'ils l'ont abandonnée; moi, je l'adopte. Ainsi, tu peux être parfaitement tranquille. Prête-moi l'oreille et ne m'interromps pas.

— J'écoute, murmura le jeune homme.

— Il y a eu juste seize ans au mois d'octobre dernier, par une nuit sombre et pluvieuse, quelqu'un vint frapper à ma porte. Je me levai pour ouvrir ; car, en ce temps-là, mon garçon, je n'étais pas riche, et les voleurs eussent fait ici de pitoyables affaires. Un individu se pré-

senta, couvert d'un long manteau et la figure
cachée sous un feutre à larges bords. Ce personnage, après avoir déposé au seuil de ma
chaumière un fardeau qu'il avait sous le bras,
rompit entre ses mains un objet dont il me
donna une partie : c'était la moitié d'une croix
d'émeraudes. Il disparut ensuite, sans avoir pro-
noncé une parole. Après son départ, j'allumai
ma lampe et j'allai prendre ce qu'il avait laissé
près de la porte. Figure-toi ma surprise ; je
vis un enfant, une petite fille mignonne, blanche et rose, un ange du bon Dieu, qui dormait
comme un charme ! Et cela m'arrivait, à moi,
vieux garçon, dont les femmes n'ont jamais
voulu, à cause de ma bouche trop grande et de
mon nez de travers ! Parfois je me surprenais à
pleurer, à l'idée que je n'aurais pas d'enfants ;
juge un peu comme j'accueillis ce chérubin qui
me tombait du ciel ! Je le dévorais de cares-

ses, je baisais ses langes brodés sur lesquels se trouvait écrit le nom d'*Hélène*. Enfin, je l'embrassai tant qu'elle s'éveilla. Au lieu de pleurer à ma vue, elle se mit à sourire. J'oubliais de t'apprendre qu'il y avait aux pieds de ma petite Hélène un sac de deux cents doubles louis. J'avais reçu l'enfant abandonné avant d'apercevoir le sac; je les gardai l'un et l'autre. Et puis, à qui les rendre? Quelques années plus tard voyant ta famille aussi pauvre que je l'étais avant cette aventure, je lui proposai de me charger de ton éducation...

— Oui, s'écria le jeune homme, et vous m'avez accueilli comme Hélène ! Pour moi comme pour elle vous avez eu l'affection, le dévouement d'un père. Aujourd'hui, vous me la donnez pour femme. Que Dieu vous récompense, mon oncle, et vous rende tout le bonheur que je vous dois !

Ils restèrent dans les bras l'un de l'autre à verser d'heureuses larmes.

Soudain le claquement précipité d'un fouet retentit dans le voisinage, et le bruit d'une voiture se fit entendre.

— O mon oncle ! c'est elle ! cria Gilbert, c'est Hélène !

— Impossible ! répondit Jacques, avançant la tête et regardant au-dessus de la haie du jardin : comment veux-tu qu'elle arrive en chaise de poste ? On a dû tout simplement la confier par mes ordres au messager qui fait le trajet de Strasbourg à Remiremont.

Franchissant l'un et l'autre la clôture, ils s'approchèrent d'une berline de voyage, dont un domestique abaissait le marchepied.

Un homme d'un certain âge, d'une physionomie imposante, ayant sur la poitrine les ordres de Saint-Michel et de la Toison d'Or, descendit, secoua la poussière de son habit de soie et demanda Jacques Remi, le scieur de planches.

— Il est devant vous, répondit le vieillard, découvrant son front chauve.

— Ah! fort bien! c'est vous que je cherche, répondit l'étranger.

Fouillant à sa poche, il en tira la moitié d'une croix d'émeraudes, qu'il mit sous les yeux du propriétaire de l'usine.

L'oncle et le neveu se regardèrent; ils étaient l'un et l'autre d'une pâleur extrême. Jacques conduisit le voyageur dans le pavillon et murmura d'une voix tremblante:

— Pardonnez-moi si je vous demande qui vous êtes, monseigneur?

— Je suis le duc de Ventimille, colonel aux gardes-françaises.

—Ah !... c'est possible ; mais je n'ai pas

l'avantage de vous reconnaître, répondit le vieillard, recouvrant un peu d'assurance.

Caché, non loin de là, derrière un buisson de térébinthe, le fiancé d'Hélène écoutait la conversation. D'abord ce fut un mystérieux chuchotement ; puis vinrent des éclats de voix, des répliques effrayantes. Gilbert comprimait à deux mains les battements précipités de sa poitrine, se rapprochant pour mieux entendre les refus de Jacques et la parole impérieuse du colonel ; assistant glacé d'épouvante à cette lutte où se jouait son bonheur, lutte inégale entre l'obscur montagnard et le noble duc, entre le père adoptif et le véritable père, entre l'homme qui, depuis de longues années, prodiguait la plus sainte affection de son cœur, et l'homme qui croyait tout racheter par l'offre de sa bourse.

Enfin la voix de Jacques passa au ton de la

prière et celle de M. de Ventimille prononça le nom du roi.

Gilbert crut que sa tête allait éclater. De sombres hallucinations passaient devant ses yeux ; les arbres dansaient autour de lui ; le ruisseau bouillonnait comme un torrent et la montagne lançait des flammes. Il eut la pensée de tuer cet homme qui venait lui ravir Hélène et courut à son fusil déposé à la porte du pavillon. Mais presque aussitôt il jeta l'arme et s'écria :

— Non ! non ! je ne puis être meurtrier... Pardonnez-moi, Seigneur !

Ses genoux chancelèrent ; il poussa un cri d'angoisse et tomba sans connaissance au milieu du jardin.

II

Un instant après, au retour de sa pêche quotidienne, Nicole se heurta contre son jeune maître, étendu sans mouvement sur la terre d'une plate-bande. Aussitôt il le porta près de l'écluse et lui aspergea les mains et le visage. Le neveu de Jacques reprit ses sens, alla ramasser son fusil sans répondre aux demandes inquiètes du vieux scieur de long, sauta vivement par-dessus la haie de clôture et gagna la route d'Alsace. Il courait au-devant de sa fiancée.

A une demi-lieue de distance, il rencontra une espèce de coche, dans l'intérieur duquel était la jeune fille. Hélène descendit vivement et se précipita dans les bras de celui qu'elle croyait toujours son cousin.

— Suis-moi, dit Gilbert; il y a près d'ici un sentier qui nous conduira plus vite à l'usine.

A ces mots, il l'entraîna sous l'ombre de la forêt prochaine et lui fit prendre des détours inconnus, écartant les branches de sapins et brisant les tiges de houx qui s'opposaient à leur passage. La pensionnaire avançait, vive et sémillante comme une gazelle. Mais elle s'aperçut que la main de son guide frissonnait, que sa figure était couverte de pâleur : elle s'arrêta, laissant paraître un sentiment de crainte.

— Hélène! oh! je t'en conjure, s'écria le jeune homme, viens revoir ces lieux que nous avons si souvent parcourus ensemble. Ecoute! les bois sont pleins d'harmonie; la cascade et les oiseaux chantent. Reconnais-tu nos doux concerts de la montagne? Vois, elle emprunte au soleil son diadème étincelant; elle se montre joyeuse et se fait belle, pour accueillir sa fille bien-aimée après trois ans d'absence. Viens, Hélène !

Elle le suivit, tremblante, fascinée. Lorsqu'ils eurent atteint le sommet, Gilbert la fit asseoir sur le tronc d'un pin renversé par l'orage et lui dit avec une émotion profonde :

— Il y a quatre ans, à cette même place où nous sommes, j'ai reçu ta foi.

— C'est vrai, Gilbert, répondit-elle, baissant ses longs cils noirs et rougissant de pudeur.

— Tu as promis d'être ma femme.

— Je l'ai promis.

— Alors, tu m'aimes toujours?

Elle devint plus rouge encore et lui tendit une main, que Gilbert effleura de ses lèvres.

— J'en étais sûr ! cria-t-il ; l'absence n'a point

changé ton cœur. A présent, dis-moi : n'as-tu jamais entrevu une destinée préférable à la nôtre? La vie, au milieu de nos solitudes, te semblera triste peut-être.

— Pourquoi cela, Gilbert? demanda-t-elle naïvement. Je ne vois au monde d'autre bonheur que votre amitié.

— Chère Hélène! j'avais besoin d'entendre ces douces paroles. Ainsi tu me jures, comme autrefois, en présence de l'horizon des montagnes, sous notre ciel radieux, par tout ce qui a vu nos premières joies, tu me jures de mourir plutôt que d'appartenir à un autre ?

— Je le jure, dit la jeune fille.

— Si pourtant il arrivait qu'on t'emmenât loin de nous, reprit Gilbert d'une voix frémissante ; si tes pieds, qui jusqu'ici n'ont foulé que la mousse de nos bois et les fleurs de nos vallons, devaient se chausser de satin et reposer sur des tapis éclatants; si tu quittais, en un mot, la pauvre maison de Jacques pour t'abriter sous l'hôtel splendide d'un grand seigneur, attendrais-tu que ton fiancé de la montagne eût franchi la distance qu'on aurait mise tout à coup entre lui et toi ?

— J'attendrais, Gilbert !

A peine avait-elle achevé de répondre, que le vautour, perché non loin d'eux, en haut du rocher, déploya ses grandes ailes et monta dans la nue.

— Hélène, dit le jeune homme d'un ton solennel, avec Dieu voilà le témoin de ton serment ! Désormais je puis t'avouer tout. Jacques Remi, cet homme simple et bon, qui a veillé si tendrement sur nos jeunes années, Jacques Remi n'est pas ton père.

— Qu'entends-je ! murmura-t-elle.

— Un noble duc, un grand de la cour, est

descendu tout à l'heure à notre porte. Il attend mademoiselle de Ventimille pour lui révéler le secret de sa naissance.

Le regard d'Hélène s'éclaira d'un rayon d'orgueil.

— Mais on va donc nous séparer, Gilbert? demanda-t-elle, honteuse de cette première impression.

— Oui, répondit le jeune homme. Une riche berline va t'emporter du côté de Paris. C'est là que bientôt j'irai te rejoindre. Adieu ! souviens-toi de ta promesse !

Il se pencha vers Hélène, posa ses lèvres palpitantes sur le front de la pensionnaire, et lui montra le sentier de l'usine qui se déroulait sur la pente de la montagne. Craignant de ne pas maîtriser son chagrin, Gilbert ne voulait plus reparaître devant l'homme qui lui enlevait sa fiancée.

La nuit tombait comme il regagnait la demeure de Jacques. En traversant la planche vacillante jetée sur l'écluse, il entendit le cri lugubre d'une chouette sortir du tronc d'un vieux saule. Presque au même instant, l'oiseau prit son vol dans l'ombre, passa tout près de Gilbert et lui effleura la joue de son aile blanche et cotonneuse.

— C'est un présage de malheur et de mort, pensa le jeune homme : puisse-t-il ne menacer que moi !

Il entra dans la chambre de son oncle. Le vieillard était sur son lit. Nicole pleurait à ses côtés, et le médecin de Fontenoy, qu'on avait appelé en toute hâte, secouait tristement la tête en tâtant le pouls du malade.

— Attaque d'apoplexie foudroyante, murmura-t-il, en réponse au regard plein d'angoisse de Gilbert.

En effet, Jacques avait les yeux fixes, les menbres roides et le visage semé de taches violettes. Il ne reconnut pas son neveu.

— Hélas ! disait Nicole au milieu de ses sanglots, le pauvre cher homme est tombé sans mouvement sur le pavé de la cour, lorsqu'il a vu le carrosse emporter mademoiselle Hélène. Ce duc maudit l'a tué !

Gilbert s'approcha de son oncle qui venait de rendre le dernier soupir, lui ferma les yeux et s'agenouilla pieusement près du lit du mort. Le lendemain il accompagna le cercueil au cimetière. Ce devoir suprême accompli, le jeune homme s'enferma dans le pavillon avec des livres. Il y resta tout le temps de son deuil. Dans l'intervalle de six mois, il ne reçut de Paris qu'une lettre, où on lui demandait, avec un style froid et compassé, de ses nouvelles et des nouvelles de Jacques. Mais la main d'Hélène avait écrit ces lignes. Gilbert les dévora de baisers. Le soir même il répondit, annonça la mort de son oncle et renvoya trente mille livres en lettres de change, laissées par le colonel sur un des rayons de la bibliothèque. M. de Ventimille, à l'insu de Jacques, y avait déposé cette somme. Gilbert se proposait de rendre aussi plus tard les deux cents doublés louis trouvés autrefois dans les langes d'Hélène : il lui semblait que l'argent du duc lui ferait perdre quelques-uns de ses droits sur la jeune fille.

Nicole, après l'enterrement de Jacques, prit au nom de l'héritier la direction de l'usine. Deux fois par jour seulement il pénétrait dans le pavillon et tenait compagnie à Gilbert à l'heure des repas.

— Nous avons eu de bonnes eaux, disait-il quelquefois : quatre-vingt-dix-neuf planches, et pas une de rebut!

— C'est bien, répondait Gilbert.

Une autre fois, Nicole disait :

— Le ruisseau déborde et menace l'engrenage des roues. Nos plus belles pièces de sapin viennent d'être emportées par le courant, et le dégel continue toujours, car le vent souffle de la plaine.

Et Gilbert répondait encore :

— C'est bien !

— Hum ! grommelait le vieux scieur, le jour où l'usine décampera tout entière, il dira : Bon voyage !

Nicole ne comprenait pas la révolution qui s'était opérée chez le neveu de Jacques Remi. Autrefois Gilbert surveillait lui-même le mouvement de la mécanique, lançait à l'eau les flottes de planches et dirigeait sur la montagne la coupe des sapins. Souvent il les abattait lui-même, surprenant les bûcherons par la vigueur de ses coups de coignée. Or, Nicole ne pouvait s'occuper en même temps des ouvriers de l'usine et de ceux de la forêt ; il lui était impossible de diriger à la fois les bûcherons et les flotteurs : en conséquence, il fit remarquer à son jeune maître qu'il y avait dans les travaux ralentissement et chômage.

Le brave homme n'avait jamais été regardé dans l'usine comme un serviteur à gages. Hélène et Gilbert l'aimaient et le respectaient à l'égal de Jacques dont il était l'ami. C'était Nicole qui faisait jouer les deux enfants, qui les prenait dans ses bras pour traverser le ruisseau, qui leur dénichait des merles et des mésanges, qui leur rapportait les jouets de la ville ou les gâteaux durcis de la fête d'un village voisin.

Après avoir attentivement écouté les observations du vieux scieur, Gilbert répondit :

— Tu as raison, l'usine est en souffrance. Va

dire au notaire de Fontenoy de la mettre en vente.

— Miséricorde ! vendre l'usine ?... Ah ! vous allez faire des folies, Gilbert !

— Non, mon vieil ami, non, répondit le jeune homme, qui lui pressa cordialement la main. Voyons, je pars au printemps ; je vais à Paris : refuseras-tu de m'accompagner ?

— Dieu m'en garde ! Vous avez donc envie de la revoir ? Pourvu qu'elle ne soit pas changée, mon pauvre garçon ? Les jeunes filles sont inconstantes comme des chèvres, et puis le père d'Hélène...

— Chut ! acquitte-toi de ma commission.

Nicole baissa la tête, et s'en alla chez le notaire.

Quand le soleil d'avril eut fondu les neiges, et que la première violette eut percé la mousse des bois, l'héritier de Jacques Remi vendit l'usine et les trente arpents de sapins ; il ne conserva de toute la propriété de son oncle que le jardinet, au milieu duquel se trouvait le pavillon. Gilbert donna des ordres pour qu'on entourât le tout d'un mur de clôture très-élevé. Peut-être, un jour, Hélène viendra visiter cette habitation, qui devait être la sienne.

Le jeune homme fit une dernière visite au vautour de la montagne et prit le chemin de Paris avec Nicole, qui regrettait bien un peu son écluse et les belles truites du ruisseau ; mais, en arrivant, son premier soin fut d'acheter une ligne et des hameçons pour aller pêcher dans la Seine, pendant que Gilbert suivrait à la Sorbonne des cours de poésie et de littérature. Le modeste appartement, loué rue du Bac par le neveu de Jacques Remi, avait deux fenêtres qui donnaient sur l'hôtel de M. le duc de Ventimille.

Nous remonterons un instant le cours de cette histoire.

Entraînée par la berline du colonel loin de la simple habitation où elle laissait tant de souvenirs, Hélène avait senti son cœur se fendre. Des sanglots pressés soulevèrent sa poitrine. Le duc lui permit de pleurer et de jeter un suprême regard d'adieu sur ces belles montagnes, qu'elle voyait encore dans le lointain, comme nous voyons dans le passé de la vie de riantes espérances détruites, un doux bonheur perdu.

M. de Ventimille avait trop expérimenté le cœur humain pour croire à l'éternité de la douleur. Bientôt il vit les larmes de la pensionnaire se tarir d'elles-mêmes, et ses yeux s'arrêter avec complaisance sur le délicieux paysage qui se déroulait à droite et à gauche de la route. La nappe de verdure des prairies et des blés ondoyants de la plaine, les toits de chaume des villages et la flèche aiguë du clocher, les chênes rameux des bois et le pampre vert des côteaux passaient tour à tour devant eux, comme ils devaient passer autrefois, changeants et rapides, sous les yeux du paladin téméraire qui montait l'Hippogriffe. Éclairé par les derniers feux du soleil, l'horizon perdit insensiblement de sa pourpre éclatante pour se fondre dans les demi-teintes vaporeuses du crépuscule; puis, semblable au rideau qui tombe sur une magnifique décoration, le voile de la nuit effaça la perspective. Se penchant alors vers Hélène, M. de Ventimille lui parla doucement de la destinée qui l'attendait.

Il s'excusa de l'avoir tenue éloignée du toit paternel, développant les raisons qui avaient dicté sa conduite avec cette pudeur de détails, cette délicatesse de langage et ce tact exercé que donne l'habitude du monde; il ne craignit pas de s'accuser lui-même, afin d'évoquer pur et radieux le souvenir de celle qu'il avait flétrie de ses soupçons. Pour la première fois le duc prononça le nom de sa victime, de la mère d'Hélène, sans récriminations et sans blasphèmes.

Enfin il sut flatter adroitement l'amour-propre de la jeune pensionnaire, lui prodigua la louange et les marques d'estime, avoua qu'il ne comptait ramener qu'une paysanne, et bénit son étoile de lui rendre une fille digne de son rang et toute formée pour la cour.

Hélène avait une conversation facile, des manières douces et remplies de distinction. Peut-être la coquetterie favorisait-elle chez la jeune fille ce développement rapide des facultés. Au travers des cils de sa paupière, ses yeux noirs brillaient comme deux étoiles à demi voilées par la gaze transparente d'un nuage; elle avait la taille svelte, une peau fine et rose, les dents blanches et une bouche mignonne, dont le sourire était irrésistible.

M. de Ventimille glissa quelques mots sur la brusque séparation qui venait de s'opérer à l'usine et sur le désespoir du vieux Jacques. — Hélas! il ignorait le terrible résultat qu'avait eu ce désespoir ! — Il dit que la volonté de Louis XV s'était exprimée d'une manière trop formelle pour qu'on ait pu songer au moindre retard, et graduellement, à force d'adresse, il habitua la jeune fille à se rappeler sans beaucoup d'émotion ses jours d'enfance. Bref, lorsqu'ils arrivèrent aux portes de la capitale, Hélène envisageait déjà le passé presque sans regrets et l'avenir avec joie.

Enthousiasmé de sa fille, le colonel aux gardes-françaises eut hâte de la produire à la cour et dans les salons. L'ex-fiancée de Gilbert eut un succès prodigieux. Tous les hommes la prônaient avec emphase, et les femmes ajoutaient à son triomphe en la dénigrant avec la perfidie systématique du beau sexe en pareille occurrence.

Pendant un mois entier, mademoiselle de Ventimille ne sortit pas d'un tourbillon étincelant de lumière et de soie. Mille propos flatteurs, bourdonnant à ses oreilles et se mariant à l'harmonie du bal, éveillaient dans son âme des instincts inconnus. La dissipation l'emportait sur son aile bruyante. Sans cesse un carrosse était à ses ordres, prêt à la conduire à de nouvelles ovations, à de nouvelles fêtes. C'était un conte des *Mille et une Nuits*, un rêve, un enivrement, une extase. Mademoiselle de Ventimille, durant ce mois entier, ne pensa point aux habitants de la montagne. Il fallut que le colonel, retenu par son service à la cour, laissât Hélène en compagnie d'une parente septuagénaire, qui lui servait de chaperon, pour que la jeune fille eût le loisir de faire un retour sur elle-même. Seulement alors elle écrivit dans les Vosges.

La réponse à cette lettre ne se fit pas attendre; Hélène apprit la mort de Jacques Remi, au moment de monter en voiture pour aller aux Bouffes, et, sous l'impression de cette nouvelle douloureuse, elle oublia de contremander le carrosse qui, moins d'un quart d'heure après, la descendit au théâtre. Un air de Piccini sécha les pleurs de mademoiselle de Ventimille.

A partir de ce jour, comme si elle eût bu des eaux de ce fleuve mythologique, dont les rives devaient être surtout fréquentées par les ingrats, elle perdit au milieu de ses relations tumultueuses jusqu'au souvenir de son père adoptif, jusqu'à celui de Gilbert, qui avait reçu ses promesses devant Dieu. Si parfois une vague inquiétude venait l'assaillir, en songeant à ces mêmes promesses, elle se flattait que le jeune montagnard n'oserait pas en réclamer l'exécution. Pourtant Hélène avait aimé Gilbert; elle l'aimait peut-être encore ; mais ce passage subit d'un état obscur au faste éblouissant de la fortune, de la chaumière au palais, lui causait une sorte de délire, semblable à cette fièvre des songes enfantés par l'opium. Tout entière au présent qui la jetait au milieu d'un monde plein de séductions, elle ne vivait dans le passé qu'à de rares intervalles ; encore était-ce pour regretter les jours qu'elle n'avait pas donnés à ces fausses délices, à ce bonheur fardé, derrière lequel on voit bientôt paraître le spectre de l'ennui.

Au nombre des papillons imprudents dont les ailes menaçaient de se brûler aux yeux de mademoiselle de Ventimille, le comte Rodolphe de Choiseul était celui qui s'approchait de leur flamme avec le plus d'assurance.

Noble, beau, de manières élégantes, Rodolphe était la coqueluche de tous les boudoirs, l'oracle des Bouffes et du foyer de l'Opéra. Des cheveux poudrés à la dernière mode, un jargon de bel esprit, des gants achetés chez la bonne faiseuse, un grand mépris pour la religion et beaucoup de luxe dans les dentelles, constituaient alors une somme de mérite suffisante pour se faire bien venir des femmes et des encyclopédistes, les puissances du jour. Rodolphe se proclamait lui-même l'enfant gâté des unes et l'admirateur des autres. Fils du premier ministre et fort peu surveillé par son père, qui, pour négliger la famille, n'en faisait guère mieux marcher l'État, le jeune comte donnait dans tous les écarts, dans toutes les débauches. L'amour, la table et le jeu avaient, en moins de deux ans, dévoré son patrimoine maternel, et il se résignait à courtiser, dans la personne d'une riche héritière et avec l'autorisation du roi, cent mille écus de rente, destinés à le relever de sa ruine.

Seul, à la fin d'une soirée, Rodolphe pouvait réclamer le privilége d'offrir la main à mademoiselle de Ventimille et de l'aider à franchir le marchepied du carrosse. Bientôt il eut permission de monter auprès d'elle et de la reconduire. Puis, lorsque le printemps vint disperser la foule joyeuse des bals et souffler le lustre des salons, M. de Choiseul fut admis à présenter ses hommages à Hélène, même en l'absence du duc. Nous le trouvons rue du Bac, un soir que M. de Ventimille faisait aux Tuileries le brelan du roi.

Devant la haute cheminée de marbre, aux grands chenets de bronze, était assise mademoiselle Octavie de Montchevreuil, descendante par les femmes de la noble souche des Roissy. Elle disparaissait presque tout entière dans un immense fauteuil à oreillettes, moelleux et fidèle ami, qui l'avait accompagnée du château de Montchevreuil à l'hôtel de Ventimille, pour y surveiller une jeune parente sans expérience et la prémunir contre les piéges du monde.

Mademoiselle Octavie de Montchevreuil avait le malheur d'être sourde. Après avoir vainement essayé de comprendre ce qu'Hélène et le fils du ministre pouvaient se dire, elle se mit à feuilleter un roman de madame de La Fayette, qu'elle fermait de temps à autre pour lire quelque verset de l'*Imitation*, habitude prise par elle de longue date, afin de conjurer les effets toujours désastreux d'une lecture profane.

Hélène accueillait parfaitement les visites de Rodolphe. Ces visites avaient l'inappréciable avantage de la distraire et de la sauver de l'ennui que lui causait la société de son gothique chaperon.

Le but des assiduités du comte n'est plus un mystère pour notre héroïne. Il est vrai qu'elle frissonna jusqu'au fond du cœur, lorsque son père lui laissa pressentir la possibilité d'un mariage avec Rodolphe. Un instant elle se réveilla de son rêve, et les promesses faites à son ami d'enfance vinrent se retracer à sa mémoire, imposantes et solennelles, comme elles avaient été prononcées jadis sur la montagne. Elle songea d'abord à tout confier à son futur et à lui avouer l'imprudence commise. Mais une mauvaise honte la retint. Il lui semblait déjà voir le fils du ministre accueillir avec moquerie cette révélation, ou l'humilier par un orgueilleux étonnement. Hélène préféra se taire et combattre avec son cœur pendant le silence des nuits, où rien ne pouvait la sauver du remords, si ce n'est une seule pensée, — pensée fatale qui dompta bientôt jusqu'à son dernier scrupule.

— Évidemment, se dit-elle, Gilbert veut sortir de la bassesse de sa condition. Là est tout le mobile de ses actes. Un serment arraché à mon inexpérience ne saurait être obligatoire que dans le cas où j'eusse connu, comme le neveu de Remi, le secret d'une naissance illustre. Mademoiselle de Ventimille peut donc refuser ce qu'a promis la paysanne des Vosges.

L'argument ne manquait pas de logique. Autrefois pourtant Gilbert avait dit : — « Si tes pieds, qui, jusqu'à ce jour, n'ont foulé que la mousse de nos bois et les fleurs de nos vallons, devaient se chausser de satin et reposer sur des tapis éclatants; si tu quittais la pauvre maison de Jacques pour t'abriter sous l'hôtel splendide d'un grand seigneur, attendrais-tu que ton fiancé de la montagne eût franchi la distance qu'on aurait mise tout à coup entre lui et toi? » Mais Hélène avait complétement oublié ce discours.

Quand il lui arrivait de mettre en parallèle ces deux hommes, dont l'image luttait dans son cœur, elle rougissait presque d'avoir aimé Gilbert, et cherchait à vaincre un reste de sympathie, dont elle ne pouvait se défendre.

Plus d'une fois le jeune homme l'avait effrayée par sa nature brusque et sauvage. Cet enfant des Vosges, qui lui avait déclaré son amour sur les rocs ardus de la montagne, ne ressemblait pas à ce muguet de boudoir, frisé, poudré, musqué, tiré à quatre épingles, dont toutes les paroles affectaient la politesse la plus exquise, dont toutes les actions semblaient éprouvées à la pierre de touche des bienséances. Finissant donc par se convaincre qu'elle n'était point liée à sa parole, et que Gilbert ne pouvait garder le moindre droit sur elle, Hélène de Ventimille accueillit les soins du comte Rodolphe de Choiseul.

Elle aimait son prétendu de la même affection qu'elle portait à tout ce qui faisait partie de son nouvel entourage. Le noble futur se trouvait placé sur la même ligne que l'écrin de diamants, la robe à la mode, le coupé bleu de ciel de la remise et le perroquet gris du salon.

Rodolphe, qui, du reste, considérait exclusivement la chose au point de vue financier, montrait un sang-froid merveilleux. Il devinait la nature du sentiment qu'il inspirait, et ne s'en offusquait en aucune sorte. Ses créanciers le sommant de contracter mariage, il obéissait à cette exigence, peu soucieux de l'amour d'Hélène, et craignant même de l'éveiller avec les jalousies tyranniques que cette passion entraîne à sa suite.

Depuis une heure, les deux fiancés causaient ensemble, sans trouble et sans gêne, plaisantant, riant, folâtrant, n'ayant pas l'air de remarquer la présence de mademoiselle Octavie de Montchevreuil, qui avait déjà lu cinquante pages de roman et trois chapitres du saint livre.

Quand Rodolphe jugea la durée de sa visite assez longue, il baisa la main d'Hélène et se mit en devoir de se retirer. Mais, au moment où il se dirigeait vers la porte du salon, cette porte s'ouvrit tout à coup avec violence.

Un homme d'un certain âge franchit précipitamment le seuil, malgré les efforts de deux domestiques pour le retenir dans l'antichambre.

Rodolphe recula de surprise et mademoiselle de Ventimille jeta un cri. Elle venait de reconnaître ce singulier visiteur.

Le personnage qui emportait si brusquement le salon d'assaut ne parut pas le moins du monde regretter son action; il se retourna vers les valets, demeurés confus à la porte du sanctuaire violé.

— Çà, revenez-y donc! essayez de me faire quitter la place, grands chevaux de carrosse! cria-t-il. Morbleu! j'ai soixante ans, mais je rosserais dix gaillards comme vous!

Il leur administra une dernière bourrade; puis se retournant vers les dames et vers le comte :

— Bonsoir, Hélène, continua-t-il, bonsoir, la compagnie!... Eh! quoi, tu ne viens pas me sauter au cou, petite? C'est bizarre. Tu n'as pas dû pourtant oublier le physique de Nicole?

Saisie d'étonnement et regardant tout sans rien comprendre, mademoiselle Octavie de Montchevreuil restait clouée sur son siége.

Rodolphe, voyant sa future pâlir et rougir tour à tour, congédia d'un geste les valets, qui semblaient attendre l'ordre d'expulser l'impertinent vieillard. Pendant cet intervalle, Nicole déposa sur la cheminée un sac rempli d'espèces sonnantes, ôta son large feutre, essuya ses joues mouillées de sueur et vint embrasser sans plus de façon la fille du colonel aux gardes-françaises.

En présence de cet acte inouï de hardiesse, mademoiselle de Montchevreuil crut qu'il était de son devoir d'aller protéger sa pupille. Donc, elle essaya de quitter son fauteuil à oreillettes; mais une douleur rhumatismale, qu'elle avait oubliée, lui donna subitement une marque de souvenir et la fît retomber assise.

— Sainte Vierge ! d'où nous arrive ce malotru ? cria-t-elle, de cette voix perçante que la Providence donne aux sourds, afin qu'ils aient du moins la satisfaction de s'entendre eux-mêmes.

— Malotru ?... Bah ! c'est moi que vous appelez ainsi, la vieille ? dit Nicole : vous êtes polie, je vous en fais mon compliment !

Le chaperon s'imagina que le paysan lui adressait des excuses au sujet de l'inconvenance de ses procédés.

Rodolphe souffrait de l'embarras cruel de jeune fille. D'abord il eut envie de jeter Nicole par la fenêtre ; mais il réfléchit qu'il n'était pas prudent d'exposer l'économie de sa coiffure, ses manchettes de Malines et son habit de soie dans une explication avec un personnage qui semblait avoir la réplique facile et le poing vigoureux. Il se contenta de le prier d'un ton moitié digne et moitié sévère de vouloir bien expliquer le motif de son étrange invasion.

— Parbleu ! rien de plus simple, répondit Nicole. J'apporte de l'argent et une lettre de Gilbert. Le pauvre garçon t'adore toujours, petite. Diable ! tu fais une singulière mine. Est-ce que par hasard la chose ne t'irait plus ? Mais, à propos, vous êtes sur des fauteuils, vous autres, et vous me laissez là, planté comme un piquet ? J'avais entendu dire qu'à Paris on connaissait mieux les usages.

Il prit une chaise, s'assit et croisa les jambes, en regardant Hélène de travers.

Le comte s'éloigna prudemment. Tout annonçait que l'entretien allait prendre une tournure fâcheuse ; il ne voulait écouter aucune révélation qui pût mettre mal à l'aise sa susceptibilité de prétendu. Comme il ne tenait pas à rompre, mieux valait, à son sens, demeurer dans l'incertitude.

Après le départ de Rodolphe, le vieux scieur dit à Hélène, muette et consternée :

— Gilbert a eu raison de ne pas venir, n'est-ce pas ? Tu es encore plus jolie qu'autrefois, petite ; mais, en revanche, tu es devenue diablement fière.

— Vous vous trompez, murmura la jeune fille avec effort : je ne le serai jamais ni pour vous ni pour mon ami d'enfance.

— Hum ! est-ce bien vrai, cela?

Nicole n'était pas dupe du sentiment d'hypocrisie qui avait dicté ces affectueuses mais tardives paroles. Rodolphe n'était plus au salon.

Mademoiselle de Montchevreuil avait repris sa lecture et sa neutralité.

— Entre nous, reprit le vieux scieur avec un sentiment de chagrin, cette fierté de votre part,

Hélène, prouverait que vous avez perdu jusqu'au sentiment de la reconnaissance. Voilà ce que Gilbert m'a chargé de vous remettre, ajouta-t-il, en lui présentant un papier, qu'elle se hâta de cacher dans son sein. Je laisse, en outre, ce sac, où l'on trouvera neuf mille six cents livres. C'est une restitution. Le neveu de Remi refuse de garder l'or de votre père. Avec toute sa fortune un grand seigneur ne payera jamais ce qu'on a fait pour vous. D'ailleurs, vous le savez, Jacques est mort de désespoir, parce qu'on lui a pris l'enfant qu'il avait adoptée, sa douce Hélène, que je l'ai vu tant de fois bercer sur ses genoux au bruit des chansons de nos montagnes.

—Pauvre Jacques! dit la jeune fille; mais, cette fois, avec une véritable émotion, car la voix de Nicole évoquait tous ses souvenirs d'innocence et de bonheur.

— Là! c'est mieux, je commence à te reconnaître, dit Nicole. Après tout, il y avait de quoi tourner la tête d'une jeunesse. Tu vas lire la lettre de Gilbert : elle t'expliquera comment je suis venu seul ici. Je ne lui dirai pas la façon dont tu m'as reçu d'abord ; le cher enfant aurait trop de peine. Au revoir, petite, au revoir !

Nicole se levait pour sortir, quand tout à coup mademoiselle de Ventimille, cédant aux instincts de sa bonne nature et aux reproches de sa conscience, vint se jeter dans les bras du vieillard, comme aux jours de sa vie de paysanne.

— Allons, il te reste du cœur, dit Nicole, essuyant une larme de joie. Dieu soit béni, je vais rendre quelqu'un bien heureux.

Il quitta le salon, après avoir une seconde fois embrassé Hélène, au grand scandale de mademoiselle Octavie de Montchevreuil, qui, restée seule avec sa pupille, lui adressa de graves reproches. Celle-ci, comme on le suppose, n'était pas d'humeur à les entendre. Elle haussa les épaules et se retira dans sa chambre pour lire ce que lui écrivait Gilbert, laissant la vieille fille piquée au vif de cette inconvenance.

Elle donna l'ordre de préparer ses malles et décida qu'elle retournerait, le soir même, au château de Montchevreuil. Depuis longtemps c'était le plus vif désir d'Hélène.

Cependant Rodolphe, ayant entendu la porte de l'hôtel se refermer sur lui, resta quelque temps à réfléchir et se demanda s'il ne péchait point par un excès de discrétion et de prudence. Il allait rentrer, quand il crut apercevoir une ombre se glisser dans le voisinage, à la faveur de la nuit qui commençait à descendre. Aussitôt il envoya son cocher stationner à l'entrée du Pont-Royal. Puis, favorisé lui-même par l'obscurité, il attendit la sortie de Nicole, vit l'ombre mystérieuse s'approcher du vieillard, et prêta l'oreille à un entretien fort curieux, dont il ne perdit pas une syllabe et qu'il jura de mettre à profit.

III

On ouvre la grille du jardin des Tuileries ; l'horloge du château marque sept heures.

Le soleil illumine de ses rayons la surface des bassins, et les cygnes éveillés nagent mollement dans les flots d'or et d'azur. Des gouttes limpides de rosée, suspendues aux branches des marronniers et des tilleuls, descendent une à une, comme autant de perles orientales, sur les degrés verdoyants du feuillage ; la rose s'épanouit aux baisers de la brise, et les blanches statues de marbre s'abritent sous les orangers fleuris.

Gilbert se promène sur la terrasse du bord de l'eau.

Peu au courant des habitudes et des convenances sociales, notre jeune montagnard a trouvé tout simple de donner rendez-vous à Hélène. Viendra-t-elle ? peut-il espérer qu'on tiendra compte du motif qui l'empêche, lui Gilbert, de se présenter chez le duc ? Le soir précédent, il a remarqué une sorte d'hésitation dans les discours de Nicole : par un sentiment de pitié peut-être, le vieillard a cru devoir lui affirmer qu'Hélène est toujours la simple fille des montagnes et qu'elle reste fidèle à son candide et naïf amour. Hélas ! s'il n'était plus aimé ! si la fréquentation d'un monde nouveau, influant sur le caractère d'Hélène, avait perverti ses principes et changé son cœur ! Osera-t-il aborder la compagne de son jeune âge dans cette sphère éblouissante où elle tourbillonne ? osera-t-il lui reprocher d'avoir parjuré sa foi? Le changement de situation de mademoiselle de Ventimille n'apporte-t-il pas entre elle et lui cet éternel obstacle, qu'on voit se dresser inflexiblement entre les hauteurs de la noblesse et l'humilité de la roture? Il sera tourné en ridicule, lui, pauvre montagnard, s'il vient réclamer la main de la fille d'un duc et pair, d'un colonel aux gardes-françaises.

Oh! non, non! l'enfant élevé par Jacques Remi ne peut avoir dans l'âme cet orgueil de la naissance! Hélène se rendra au vœu de celui que, pendant quinze ans, elle a nommé son frère.

Une révolution s'était opérée chez la fille du duc, et le billet de la veille avait, pour ainsi dire, modifié son inconstance. Elle s'enivra de cet amour si pur, qui revenait à elle, au sein des cités, comme un parfum de la solitude.

Chaque phrase de la missive inattendue éveillait un doux et précieux souvenir : mademoiselle de Ventimille croyait se promener encore sous les fraîches et silencieuses avenues des bois, gravir l'escarpement de la montagne, ou suivre, le long du ruisseau de l'usine, la verte rive et les prés en fleurs.

Gilbert ne rappelait point à Hélène ses promesses ; elles étaient trop sacrées pour que la jeune fille ait pu les mettre en oubli.

Le paysan des Vosges arrive avec la volonté ferme de franchir la distance qui le sépare de son amante. Il peut, en invoquant le nom de Jacques Remi, rendre visite au duc et pair, obtenir de M. de Ventimille, avec l'entrée du salon, le bonheur de voir Hélène chaque jour ; mais il s'abstient par excès de délicatesse, ou plutôt par un sentiment de noble fierté. Gilbert ne se présentera devant le colonel que le jour où, sans craindre de refus, il pourra lui demander la main de sa fille. D'ici là, pour lutter avec énergie, n'a-t-il pas besoin de revoir celle qu'il aime, de lui demander un regard d'encouragement, quelques paroles d'approbation?

Une femme montait la terrasse. Gilbert poussa un cri de joie ; c'était mademoiselle de Ventimille!

Enveloppée d'une pelisse de soie de Grenade et les mains abritées sous la fourrure, Hélène s'avançait, légère, souriante, et l'air frais du matin donnait à ses joues une animation délicieuse.

La jeune fille ne s'était jamais trouvée aussi libre. Sa vieille parente courait la poste dans la direction du manoir de Montchevreuil, et le colonel ne se levait qu'à onze heures : donc, sans craindre ni observation ni reproche, elle avait pu commander le carrosse et se faire conduire à la grille du jardin royal.

Mais, si le chaperon n'était plus là pour

mettre obstacle au rendez-vous, une autre personne veillait à la place de la respectable duègne.

Cette personne, en se glissant sous les tilleuls, put approcher de fort près du banc où mademoiselle de Ventimille venait de s'asseoir avec Gilbert, ému, palpitant, les yeux humides de ces douces larmes qui ont leur source dans le bonheur.

On nous croira, si nous disons que la volage enfant n'a pas même songé aux conséquences de sa démarche. Sur sa nature inconstante, l'impression du lendemain efface l'impression de la veille. Heureuse et fière de se montrer au jeune homme dans sa riche toilette, elle oublie à ses côtés le comte Rodolphe de Choiseul, comme elle oubliera peut-être Gilbert, le soir même, en compagnie de son noble futur.

Sans être encore arrivée à l'heure des ennuis et du dégoût, Hélène sentait néanmoins se calmer déjà son enthousiasme pour le monde. La capricieuse jeune fille essayait un retour vers cette vie simple d'autrefois, dont elle avait voulu tout d'abord effacer jusqu'au souvenir ; elle réveillait avec un certain charme son amour pour Gilbert, afin de varier un instant les fades hommages de ses nouveaux admirateurs. Elle ne savait pas, l'imprudente, combien il était dangereux de jouer avec un pareil amour !

Gilbert a tout quitté, ses forêts, ses montagnes, pour venir retrouver Hélène au milieu de la civilisation, sacrifice que ne pourra jamais égaler mademoiselle de Ventimille, même en renonçant aux pompes de la noblesse, pour reprendre sous les sapins des Vosges sa première vie d'innocence et de pauvreté. Le jeune montagnard n'a qu'un but, qu'une idée, qu'un sentiment : c'est Hélène. Il groupe autour d'elle toutes ses joies, tous ses rêves de félicité, tous ses projets d'avenir. Sans Hélène, il n'y a plus d'existence possible pour cet amant presque sauvage, dont la passion a grandi dans la solitude, et qui se brisera mille fois aux obstacles, plutôt que de renoncer à les vaincre.

— Oh ! c'est toi ! je te retrouve ! disait-il avec un ineffable accent de tendresse. Hélène, ma douce Hélène! A présent nous allons vivre de la même vie, respirer le même air! J'ai vendu l'héritage de mon oncle, l'usine dont le bruit monotone endormait notre enfance, la forêt de sapins où tu te plaisais à t'égarer avec moi ; j'ai tout vendu, excepté le pavillon qui devait abriter notre bonheur. Tu le verras, Hélène, si jamais nous allons prier sur la tombe de Jacques.

Mademoiselle de Ventimille eut comme un tressaillement d'effroi.

— Gilbert! s'écria-t-elle, oh! laissez, je vous en supplie, ce triste souvenir !

— Oui, tu as raison. Nous avons pleuré notre bienfaiteur, et maintenant il nous protége devant Dieu, puisque nous voilà réunis.

— Sans doute, répondit elle. Causons de vos projets d'avenir. L'heure s'écoule ; nous n'avons que peu d'instants à rester l'un près de l'autre.

— Quoi! s'écria le jeune homme, tu parles déjà de nous quitter ?

— Je suis venue secrètement, Gilbert. Le moyen de nous retrouver ensemble un autre jour est de rentrer assez vite pour n'exciter aucun soupçon.

— C'est vrai, je suis injuste. Te voir, ma

chère Hélène, être sûr que tu m'as gardé ton cœur, n'est-ce pas tout ce que je demandais, mon Dieu ? Sois tranquille, j'aurai du courage. Le moment est venu d'entrer en lutte et de te conquérir. D'autres, sortis d'une condition, plus obscure que la mienne, ont atteint le sommet de la célébrité. Depuis ton départ, Hélène, je suis devenu poëte !

— Est-ce possible ? dit-elle, en le regardant avec surprise.

— Oui, je vais embrasser la carrière des lettres.

— Carrière ingrate, mon ami !

— Je l'avoue. Mais tu seras l'ange de mes inspirations. Dans cette lice ouverte au génie, je veux gagner de glorieuses palmes et les déposer à tes genoux.

— Prenez garde, Gilbert ! dit-elle avec un doux accent de coquetterie : c'est une dangereuse rivale que la gloire, et je crains d'en devenir jalouse.

— Mais la gloire, c'est toi ! cria le jeune homme; je vous confonds l'une et l'autre dans le but que je veux atteindre, et vous n'êtes qu'une même pensée, qu'une même espérance. Depuis six mois, dans mes veilles laborieuses, tu m'es apparue avec l'auréole de l'archange qui dirige les chœurs célestes, cet archange éblouissant dont les ailes d'or abritent la méditation du poëte. Oh ! tu ne pourras jamais savoir quelle force et quelle audace je puise dans nos espérances ! Encouragé par un de tes sourires, je veux briser les entraves qui enchaînent le vulgaire. Comme l'aigle, je saurai m'élever aux nues et regarder fixement le soleil. A moi toutes les hardiesses, tous les nobles élans du génie ! à ma plume le monde, à mon cœur Hélène !

En parlant ainsi, Gilbert était sublime. Son front rayonnait, toutes les flammes de l'enthousiasme brillaient dans ses yeux.

Hélène admirait cette puissante exaltation et les grandes pensées qu'elle faisait naître. Elle sentait son âme monter avec celle de Gilbert jusqu'aux régions de l'extase. Les femmes comprennent tout ce qu'un seul de leurs regards peut enfanter de gigantesques créations et d'œuvres immortelles ; jamais la tâche qu'on s'impose pour leur plaire ne leur paraît trop lourde.

Mademoiselle de Ventimille se reprocha d'avoir soupçonné la délicatesse de Gilbert. Elle résolut de lui venir en aide dans cette lutte qu'il allait entreprendre et de le rapprocher d'elle autant que possible, afin de mieux lui tendre la main. Pour cela d'abord il fallait vaincre la répugnance du jeune homme à se mettre en contact avec une société, dont il ne connaissait ni les mœurs ni les usages.

— Mon ami, dit Hélène, vous trouverez sûrement dans la carrière que vous allez suivre des jaloux et des détracteurs ; en conséquence, il ne faut pas négliger les protections qui s'offrent à vous. J'exige que vous vous fassiez connaître à mon père. Vous avez droit à son accueil le plus bienveillant, et nous pourrons nous rencontrer sans risque, lorsque vons serez admis dans l'intimité de notre famille et dans les cercles qu'elle fréquente. Vos scrupules, Gilbert, ajouta-t-elle de sa voix la plus tendre, ne serviraient qu'à retarder notre bonheur.

— Fort bien ! merveilleusement raisonné ! dit en s'approchant tout à coup un personnage dont l'aspect fit jeter à Hélène une exclamation d'épouvante.

Gilbert se leva frémissant, et se trouva face

à face avec le comte Rodolphe de Choiseul.

— Mille excuses, chère belle, si je vous dérange! reprit le jeune seigneur avec un salut ironique; mais, puisqu'il s'agit d'introduire monsieur à l'hôtel de la rue du Bac, souffrez que je l'y présente moi-même.

On voit que le fils du ministre avait jugé convenable d'écouter l'entretien jusqu'au bout, afin d'être parfaitement renseigné et d'agir ensuite à coup sûr. Il avait sacrifié son amour-propre à son instruction.

— Mademoiselle de Ventimille, ajouta Rodolphe, daignera-t-elle accepter mon bras jusqu'à son carrosse ? Quant à monsieur... pardon!.... Vous vous appelez? dit-il en toisant Gilbert et en clignant de l'œil d'une façon légèrement impertinente.

Revenu de sa première surprise, le neveu de Jacques ne tarda pas à avoir la complète intelligence de la situation. Il saisit d'autorité le bras d'Hélène, le plaça sous le sien, et dit fièrement au comte :

— Mon nom, vous le saurez plus tard. Pour ce qui est de reconduire mademoiselle à sa voiture, où en prenez-vous le droit?

— Ah ! çà, mais, dit Rodolphe, vous m'adressez des questions, ce me semble ?

— Oui, et je vous somme d'y répondre.

— Vraiment?

— Si vous êtes le frère d'Hélène, il faut le dire.

— Hélène tout court ! murmura le comte, regardant la jeune fille confuse ; en vérité, c'est d'un tact, d'une convenance !... Non, monsieur, non, reprit-il, en s'adressant au jeune homme, je ne suis pas le frère de mademoiselle. C'est un titre charmant sans doute, mais j'en ambitionne un plus doux.

Gilbert tressaillit; un feu sombre éclata sous sa paupière. Il se tourna vers Hélène : elle baissait la tête et frissonnait.

— Du reste, se hâta d'ajouter Rodolphe, qui n'aimait point les explications violentes, je suis trop galant homme et je sais trop bien vivre pour faire valoir mes droits à l'exclusion de ceux des autres.

— Vos droits! cria le montagnard, dont la colère brûlait les joues.

— Paix, de grâce! n'oubliez pas que nous sommes en présence d'une femme. Conservez le bras de mademoiselle et descendons ensemble la terrasse. Nous sommes gens de revue, monsieur, et j'ai des habitudes de calme et de réserve dont je ne me départs jamais.

Nécessairement Gilbert devait avoir le dessous dans cette escarmouche, moitié dédaigneuse et moitié polie, engagée par le fils du ministre sous les yeux d'Hélène. Celle-ci, pendant le trajet de l'avenue de tilleuls à la voiture, n'eut pas la force de prononcer une parole, elle se jeta précipitamment en carrosse et se couvrit le visage de ses deux mains. Resté près de la guérite du soldat suisse, mis en faction à la grille, Gilbert n'obtint même pas un regard, pour servir de baume à la blessure qu'il venait de recevoir au cœur. Rodolphe, seul, ne perdait pas la tête. Voyant son rival à distance, et profitant du trouble d'Hélène, il monta sur le marche-pied du carrosse et dit tout bas à la jeune fille :

— Rassurez-vous, mademoiselle, je ne vous adresse aucun reproche. Ce soir, nous parlerons de ce monsieur qui veut monter aux nues, exercice auquel se livrent avec un égal bonheur les aigles et les sauvages.

Le trait n'était pas merveilleux; mais Rodolphe savait que l'amour-propre d'Hélène en subirait une vive atteinte.

— Rue du Bac à l'hôtel ! dit-il ensuite.

Un grand laquais ferma la portière et fit signe au cocher qui fouetta les chevaux. La voiture partit. Rodolphe, très-satisfait du dénoûment de l'aventure, revint à Gilbert et dit avec un ton fort dégagé :

— Mon Dieu, nous aurions pu nous transporter aussi rue du Bac ; mais je crains que le colonel ne soit pas levé. C'était hier biribi au château, et l'on y joue fort tard.

— Ai-je donc accepté, monsieur, votre proposition de m'introduire à l'hôtel Ventimille ? Je ne vous le cache pas, cette proposition me semble étrange, dit le montagnard avec hauteur.

— Va toujours, gronde, boule-dogue ! on saura te museler, pensa Rodolphe.

— De vous, je n'attends qu'une chose, poursuivit Gilbert, c'est de répondre à deux questions : quelles sont vos vues sur Hélène ? quels sont les sentiments d'Hélène à votre égard ?

— Je consens volontiers à vous satisfaire. Seulement, croyez-vous utile de mettre la sentinelle dans notre confidence ? demanda Rodolphe, montrant le suisse qui se promenait, l'arme au bras, devant la grille. J'ai ma voiture près d'ici, à la porte du pavillon de Flore ; vous pourriez me suivre chez moi, nous y causerions plus à l'aise.

— Monsieur, dit Gilbert, il est possible que je vous fasse un jour cet honneur, quand vous aurez à mes yeux un autre mérite que celui de m'avoir espionné.

— Peste ! vous êtes peu délicat sur le choix de vos termes, et celui-ci me paraît dur. Enfin, n'importe ? Il est tout simple que vous ne soyez encore façonné aux mœurs polies et au langage honnête, dit le comte avec sang-froid.

— Une insulte! cria Gilbert.

— Non vraiment, c'est une observation très-naturelle et très-juste, Vous arrivez du fond de la province, nos usages ne sont pas les vôtres.

Ils rentrèrent au jardin.

— Je réponds à votre première question, dit Rodolphe, et je vous déclare formellement que je compte épouser la fille du colonel…. Oh! ne prenez pas cette mine furieuse! A quoi bon? Son père autorise mes espérances et le roi veut ce mariage. Quant à la seconde question, c'est plus délicat; je crains de vous paraître coupable de fatuité, et je vous demande permission de me taire.

— Prétendez-vous laisser croire qu'Hélène ait de l'amour pour vous? cria le jeune homme avec un éclat de voix menaçant.

— Dans le monde où nous avons l'habitude de vivre, dit le comte, il est rare qu'une fille qui se respecte trahisse le secret de son cœur.

— Vous vous trompez: ce secret, on me l'a fait connaître à moi!

— Est-ce possible? je vous en félicite, vous, vous avez beau jeu pour me vaincre. Si j'étais sage, peut-être abandonnerais-je la partie; mais que voulez-vous? je suis engagé. D'ailleurs, ne pouvons-nous être rivaux sans être ennemis? Je me nomme le comte de Choiseul, monsieur; mon père est ministre... Ah! permettez, je suis incapable de mentir, et je vous prie de ne pas me regarder avec cet air de doute! Si j'avais moins de générosité, je pourrais vous nuire et vous rendre l'existence assez triste; mais rassurez-vous, je veux être votre protecteur. N'allez-vous pas devenir écrivain? Je vous recommanderai chaudement à mes amis les encyclopédistes.

Vous savez qu'ils font la pluie et le beau temps. Les avoir contre soi est le moyen de ne jamais devenir illustre ; ainsi vous voilà prévenu. Ce soir, vous trouverez à l'hôtel de Ventimille d'Alembert, Grimm, et Diderot : liez au plus vite connaissance avec eux, et comptez sur nous comme sur vos amis les plus dévoués. Je n'ai pas besoin de vous dire que le rendez-vous de ce matin restera pour tous un mystère. Au revoir, à bientôt !

Rodolphe salua et disparut derrière une charmille, sans que le neveu de Jacques, écrasé par l'aplomb de son interlocuteur, eût trouvé le moindre mot à jeter au milieu de cette longue tirade.

Vers le milieu de la journée, Gilbert reçut un billet entouré de rubans roses et cacheté de cire odorante. Ce billet ne contenait que deux lignes:

« Venez et ne soyez point jaloux. On ménage

ici M. de Choiseul à cause du pouvoir de sa famille. J'ai prévenu mon père de votre visite.

« Hélène. »

— J'irai ! s'écria le jeune homme.

Il descendit, traversa la rue et frappa résolûment à la porte en face.

La présence de Gilbert fit sensation au milieu de la société brillante réunie chez M. de Ventimille. Hélène, au bras du colonel, vint à la rencontre de l'enfant des Vosges, qui reçut du père et de la fille un accueil charmant. On se montra sensible à la triste fin de Jacques Remi, et l'on blâma le jeune homme de son excès de délicatesse relativement aux sommes rendues ; mais celui-ci repoussant tout ce qui pouvait ressembler à une offre pécuniaire, le noble duc n'insista plus. Toutefois il déclara qu'il voulait chercher un autre moyen de payer au neveu la dette contractée envers l'oncle. Gilbert répondit que bientôt peut-être ce moyen se présenterait, et M. de Ventimille jura qu'il se hâterait de le mettre à exécution.

Certaine de la discrétion de Rodolphe et ne redoutant plus les emportements du montagnard, l'ancienne pensionnaire de Strasbourg eut de l'esprit comme un ange, et fut adorable de coquetterie. Le noble futur et le neveu de Jacques obtinrent une égale distribution de mots gracieux et de sourires.

Quand Gilbert raconta les impressions de cette journée à Nicole, celui-ci eut un mouvement d'épaules très-capable d'inspirer de l'inquiétude au jeune homme, et finit par dire :

— Tout cela est bizarre. Je gage que vous serez dupe, mon pauvre garçon.

— Mais pourquoi ?

— Dame ! parce que vous restez naïf comme un enfant de la montagne, tandis qu'Hélène est devenue madrée comme les Parisiennes qu'elle fréquente.

Après tout, Nicole était, ce soir-là, fort maussade ; il avait passé huit grandes heures sous une arcade du Pont-Royal pour attraper trois ablettes. Persuadé que la Seine ne contenait décidément que du fretin, il renonça, jusqu'à nouvel ordre, à la pêche, et lia connaissance avec le suisse de l'hôtel Ventimille, gros Alsacien rubicond, nommé Groffmann, très-bavard de sa nature, et grand amateur de bourgogne. Nicole, pour un motif à lui connu, s'imposa l'obligation de lui payer quatre bouteilles par jour.

Deux mois s'écoulent. Rodolphe de Choiseul a tenu parole, et Gilbert, mis en rapport avec les encyclopédistes, a vu tous ces hommes qui prétendaient audacieusement réglementer l'opinion de la France et du monde. Son cœur loyal, sa franche et noble nature se sont révoltés à l'aspect de cette philosophie outrecuidante, dont la mauvaise foi, le mensonge et l'orgueil formaient la base. Ne dissimulant pas ses impressions, il refusa de se courber sous le sceptre de ces rois du jour, et plus d'une fois au milieu de leur triomphe, il osa les braver en face. Il se révoltait surtout contre leur impiété scandaleuse et contre les calomnies dont ils rendaient victimes la religion et ses ministres.

Un jour, tout Paris s'éveilla dans la stupeur : les libraires du quai des Augustins venaient de publier un ouvrage, où des attaques violentes étaient dirigées contre les philosophes. Au frontispice se lisait le nom de Gilbert.

Le dithyram... ourait, impétueux et sanglant, sur les pages de c... re, et le poëte, armé d'un fouet vengeur, ma... ait plus d'un infâme au visage, arrachant s masques, lacérant sans pitié le manteau du vice et jetant la honte à qui de droit.

Si l'on demande où notre héros a puisé cette connaissance approfondie de la perversité sociale, nous répondrons que les âmes saines et droites jugent vite et à coup sûr. On n'a pas oublié, du reste, les études solitaires du neveu de Jacques Remi. Le passé n'est que le miroir du présent; les hommes se succèdent, mais les passions demeurent immuables : donc, après avoir comparé les siècles entre eux, Gilbert n'avait eu besoin que d'un coup d'œil pour saisir la physionomie du sien. Bercé dans son enfance par les inspirations les plus saintes et les plus pures du christianisme, il s'indignait de voir des pygmées porter une hache insolente à la base d'un colosse élevé par la main de Dieu; il annonçait avec la seconde vue des prophètes, non la ruine de la religion, mais la ruine de la société, que des maximes perverses corrompaient dans ses plus secrètes profondeurs et qu'on menait à un abîme. Ce livre était donc à la fois un cri de colère et un cri d'alarme.

Après la satire mordante, impitoyable, acharnée, l'auteur, déposant le fouet de Juvénal, passait avec une flexibilité de talent merveilleuse à des stances pleines de sentiment et de grâce ; il conduisait la plaintive élégie sous l'ombre des bois, aux pieds des vertes montagnes ; il avait de tendres et délicieux souvenirs d'enfance, des chants suaves dictés par son amour.

Mademoiselle de Ventimille goûta fort ces poésies. Seulement, elle n'osa pas manifester son admiration, tant la clameur qui s'éleva fut terrible.

Un seul homme avait l'air de prendre la défense du poëte, mais c'était pour mieux exciter la haine des encyclopédistes et faire succomber

Gilbert plus sûrement dans la lutte impossible qu'il engageait.

— Vous le voyez, disait Rodolphe à Hélène, j'ai beau le soutenir, c'est un garçon perdu ! Je me fâche inutilement avec tous mes amis, et, quoi qu'on fasse, il n'y a point de remède à sa sottise.

IV

Depuis l'entrée du jeune montagnard au cercle de l'hôtel Ventimille, ses relations entre lui et le comte de Choiseul peuvent s'expliquer en deux mots : intrigue et fourberie d'une part ; loyauté, noble confiance de l'autre. Rodolphe avait parfaitement réussi à détruire tout ce que Gilbert conservait de préventions contre lui. Se façonnant avec une habileté merveilleuse aux allures de cette âme naïve, il lui donna raison dans ses antipathies, accorda toutes sortes de louanges à ses principes, le félicita de ne pas sacrifier sa conscience à des projets d'avenir, fut en un mot bon marché des encyclopédistes, qu'il avait précédemment portés aux nues, et suggéra au jeune homme la première idée d'un éclat qui devait, selon Gilbert, éclairer le public sur les mensonges de la philosophie, mais qui, selon Rodolphe, devait beaucoup plus sûrement encore perdre son rival.

Une fois la satire lancée, voyant ceux qu'elle attaquait lui donner une importance dangereuse, le comte se hâta de leur rendre visite et de les calmer.

— De quoi vous inquiétez-vous là, bon Dieu? s'écria-t-il. Je vous trouve plaisants, sur ma parole ! Allez-vous répondre et faire connaître à l'Europe qu'un petit villageois vous harcelle? Voulez-vous donner cent coudées de hauteur à qui vous vient au talon ? Ce serait le comble de la maladresse. Croyez-moi, laissez aboyer ce chien de montagne : en lui donnant un coup de pied, vous risquez de vous faire mordre jusqu'au sang. Que votre réponse à une pareille diatribe soit le mépris.

Hélas ! ce perfide conseil ne fut que trop bien exécuté ! Les philosophes se hâtèrent de calmer l'irritation de leurs disciples. On organisa contre le poëte ce que les publicistes de nos jours appellent la conspiration du silence ; ou, si quelques lignes furent écrites à cet égard, ce fut avec une dignité si orgueilleuse, un dédain si profond, que Gilbert ne s'en releva point. Aucun reproche direct ne fut adressé à l'auteur de la satire. Nos encyclopédistes affectaient même de le traiter avec plus de bienveillance que de coutume et se montraient presque évangéliques dans ce pardon, que Gilbert ne comprenait pas, et qui le déshonorait aux yeux d'Hélène. Rodolphe savait que le mépris se gagne.

Il ne tarda pas à recueillir le fruit de ses habiles combinaisons. Nommé à l'ambassade d'Espagne, sur la demande du ministre son père, il obtint qu'on fixerait le jour du mariage, et que la célébration aurait lieu avant son départ pour Madrid. Louis XV promit de signer au contrat.

Tout ceci se tramait dans le plus grand mystère. M. de Ventimille, obéissant au désir d'Hélène, qu'il supposa mue par un scrupule pudique assez commun dans la circonstance, garda le secret sur ce prochain hyménée. D'autre part, le futur, ayant de sérieux motifs pour cacher son bonheur, se contenta de glisser quelques mots rassurants à l'oreille de ses créanciers, et Gilbert soupçonna d'autant moins une trahison qu'Hélène autorisait toujours ses espérances.

Elle était avec lui d'une gracieuseté sans égale. Chaque soir, le jeune homme rentrait dans un état de contentement inexprimable et de joie délirante. Alors il se mettait à écrire, et sa passion lui dictait des chefs-d'œuvre.

Souvent il lui arrivait de travailler pendant la nuit tout entière, et quand le jour venait le surprendre, quand il ouvrait sa fenêtre pour exposer son front brûlant à l'air frais du matin, il voyait un bras mignon écarter le rideau soyeux de la fenêtre en face de la sienne. C'était mademoiselle de Ventimille qui se levait avec l'aurore, afin de payer d'un regard toutes les fatigues de Gilbert.

On s'explique ce machiavélisme féminin par la peur que le caractère du jeune montagnard inspirait à Hélène. Volage, irrésolue, coquette, elle devenait fausse pour n'avoir point à lutter contre cette nature énergique ; elle prenait soin de calmer le poëte par de nouvelles assurances de tendresse, lorsque celui-ci manifestait des craintes sur les assiduités de M. de Choiseul.

La conscience de la jeune fille n'était pas sans lui reprocher cette conduite, et une aussi indigne rouerie ne pouvait prendre source dans son cœur. Hélène suivait le plan tracé par Rodolphe dont elle redoutait les sarcasmes. Depuis le jour du rendez-vous sur la terrasse des Tuileries, il ne les avait pas épargnés à son imprudente future, exigeant la confidence la plus absolue en échange de la discrétion qu'il promettait. M. de Choiseul, avant de dresser l'embûche odieuse où les encyclopédistes et lui venaient de prendre Gilbert, avait débuté, dans ses entretiens avec Hélène, par tourner le montagnard en ridicule pour la négligence de sa toilette et la gaucherie de ses allures. La frivolité des femmes rend ce genre d'attaque infaillible et le poëte eut le dessous, à partir du jour où son rival put décider mademoiselle de Ventimille à rire d'un salut grotesque ou d'un maintien villageois, du nœud trop simple d'une cravate ou de la coupe plébéienne d'un habit. Gilbert était déjà perdu dans l'esprit d'Hélène, quand la satire contre les philosophes et le mépris systématique témoigné à l'auteur de cette agression achevèrent de rendre la fille du colonel honteuse de son premier amour. Peut-elle devenir la femme d'un obscur pamphlétaire, qui se ferme sans rémission le chemin des honneurs, et de la célébrité ?

Rodolphe a donc remporté la victoire sur toute la ligne. Mais comment se débarrasser d'un homme, dont M. de Ventimille autorise lui-même les fréquentes visites ? Le duc, tout en reprochant au neveu de Jacques Remi sa querelle maladroite, ne lui en fait cependant point un crime irrémissible ; et les refus de Gilbert ne permettant plus au gentilhomme de s'acquitter avec de l'or, il paye sa dette en marques d'estime et en égards.

Chaque jour la situation devient plus embarrassante. Hélène frissonne à l'idée d'un aveu que tôt ou tard il faudra nécessairement faire au poëte. Pourra-t-elle supporter l'amertume de ses reproches, la terrible expression de son désespoir ?

Un instant Rodolphe eut le projet d'aller provoquer son rival et de résoudre la question par un duel à mort ; mais cette velléité de bravoure céda bientôt à ses instincts diplomatiques ; il décida mademoiselle de Ventimille à jouer un rôle impudent de coquetterie, et à caresser le rêve de Gilbert pour l'anéantir ensuite au milieu d'un réveil affreux.

Le jour du mariage approche. Quoi qu'il en coûte, il faut que le montagnard, qui ne sait rien encore, s'éloigne de la capitale. Ainsi l'ont décidé Rodolphe dans sa haute sagesse, Hélène dans son effroi.

Il est neuf heures du soir. Gilbert et Nicole descendent du modeste appartement qu'ils occupent et viennent frapper à la porte de l'hôtel du duc. Le premier traverse la cour et gravit l'escalier d'honneur ; l'autre pénètre dans la loge du suisse, où le nombre accoutumé de bouteilles de bourgogne étalent sur une table, entre deux gobelets d'étain, leur triomphant cachet vert.

Nous laissons ces derniers trinquer ensemble pour suivre le poëte, qui, ne trouvant aucun domestique prêt à l'annoncer, se décide à ouvrir la porte du salon.

Cette pièce n'a point de lumière. Les jalousies soulevées donnent un libre passage à la fraîcheur du soir, et aux rayons de la lune qui se reflètent dans les glaces de Venise, ou viennent onduler mollement sur le tapis de Perse. Une magnifique pendule de Boule, montée sur un socle de marbre de Paros, fait seul entendre son battement régulier.

Gilbert ne voit ni Rodolphe ni mademoiselle de Ventimille, assis l'un près de l'autre dans l'embrasure d'une porte-fenêtre, ouverte sur les balcons. Un épais rideau de velours orange cache les conspirateurs. Ils ont, d'un mutuel accord, suspendu leur conversation à l'entrée du poëte, pour la reprendre ensuite, quand le comte juge son rival à portée de les entendre et de reconnaître leur voix.

Obéissant à un instinct de jalousie, le jeune homme s'arrête et retient son souffle.

— D'honneur, mademoiselle, dit Rodolphe à sa complice, voilà des idées parfaitement inexplicables, surtout avec la position brillante qui vous a été rendue dans le monde. Est-il possible que vous regrettiez le temps où chacun vous croyait une paysanne ?

Hélène murmura d'une voix tremblante :

— En ce temps-là, monsieur, j'étais heureuse.

— Ne l'êtes-vous pas doublement aujourd'hui ?

Vraiment non, répondit-elle. Je me surprends quelquefois à désirer que ma nouvelle condition ne soit qu'un rêve, et je voudrais me réveiller au milieu de cette vie naïve des chaumières que je n'ai quittée qu'à regret. O mes belles montagnes, mon ciel bleu, mes doux ombrages, mes vallons fleuris ! je n'ai rien trouvé jusqu'alors qui vous soit comparable...

— Ah ! si fait : une jolie décoration d'opéra, par exemple ?

— Trêve de plaisanteries, monsieur le comte. Il est des sensations que certaines âmes d'élite, seules, peuvent éprouver.

— Fort bien ! voilà qui est flatteur pour moi, dit Rodolphe avec un éclat de rire.

— Je n'ai pas voulu vous offenser, monsieur.

— Je le crois, mademoiselle ; aussi je prends gaiement la phrase. Elle était significative ! mais n'importe, je persiste, et je ne comprends pas l'enthousiasme de vos souvenirs.

— D'autres le comprennent peut-être.

— Oui, M. Gilbert, un poëte qui s'envole éternellement vers les régions éthérées ! Je le plains quand il doit replier ses ailes pour marcher terre à terre avec le commun des hommes.

— Il me semble vous avoir déjà prié, monsieur, de cesser la raillerie.

— Comment donc ? je parle sérieusement.

Puis Rodolphe ajouta, mais à voix très-basse :

— Ne tremblez pas de la sorte ; songez au

scandale. Si nous ne réussissons pas à le prévenir, vous êtes déshonorée, perdue.

Hélène reprit de l'assurance.

— Je vous affirme, dit-elle, que beaucoup d'hommes du monde, habitués à reléguer le sentiment dans la catégorie des distractions, ne savent pas aimer une femme. Demandez-leur de vous sacrifier quelques-uns de ces instants qu'ils consacrent à de froids calculs, à des projets d'ambition, à l'enivrement du pouvoir : combien n'en verrez-vous pas reculer ?

— Presque tous, j'en conviens. Supposez-vous, par hasard, que votre poëte ne leur ressemble pas ? demanda Rodolphe pressant avec force la main de mademoiselle de Ventimille.

Hélène répondit, mais avec une voix qui frémissait de honte :

— Oui, mon poëte! j'accepte ce mot-là...

mon poëte, mon ami d'enfance, mon frère ! ce sont les titres qui lui appartiennent. Bientôt il y joindra celui d'époux.

Elle se sentait prête à défaillir. Pauvre Gilbert ! comme il été heureux !

M. de Choiseul pressa de nouveau la main de sa future.

— Bien, murmura-t-il, courage !

— C'est vraiment cruel à vous de retourner ainsi le fer dans la plaie, ajouta tout haut Rodolphe. Si vous m'avez permis de continuer mes visites jusqu'à mon départ pour Madrid, vous me faites acheter chèrement ce bonheur.

— N'est-ce pas vous, monsieur, qui venez de me parler de Gilbert? Je veux être franche et dire enfin tout ce que je pense. Je vous crois susceptible d'amitié, mais non d'amour. Vous regardez le mariage comme un marchepied pour arriver à de nouveaux honneurs, et mon poëte

ne vous ressemble pas, non, monsieur le comte!
S'il est ambitieux, pour lui je suis le but; pour
vous je serais le moyen. Ne placez point Gilbert
au nombre de ces chevaliers menteurs qui nous
accablent de protestations merveilleuses et n'en
réalisent aucune. Lorsqu'on aime véritablement une femme, on ne cherche pas à pénétrer
si le désir qu'elle exprime est enfant du caprice,
on l'accomplit.

— Parbleu! s'écria Rodolphe, je voudrais
voir M. Gilbert à l'épreuve d'une fantaisie qui
l'empêchât de travailler, seulement pendant
quelques jours, au poëme qui doit accroître sa
renommée.

— Je puis, monsieur le comte, vous donner
satisfaction ce soir même, car Gilbert ne tardera
pas à venir.

— Et s'il refuse?

— S'il refuse, dit la jeune fille, je lui retire

ma promesse et je vous autorise à demander ma main.

Dans les intervalles de silence qui coupaient cet étrange dialogue, il semblait à Gilbert que le comte et mademoiselle de Ventimille devaient entendre les battements précipités de son cœur. Quelle est donc cette épreuve à laquelle on veut le soumettre? Oh! peu lui importe de le savoir! il est prêt, quand Hélène ordonne, à courir jusqu'au bout du monde, même au-devant de l'impossible! Réfléchissant qu'il ne pouvait paraître avoir entendu l'entretien, il retourna jusqu'à la porte du salon et frappa les battants l'un contre l'autre, comme s'il venait d'entrer.

— Bon! le hasard nous sert à ravir, et justement nous parlions de vous, monsieur, dit Rodolphe, écartant le rideau de la fenêtre.

— Ah! fit Gilbert très-ému.

— Cela ne doit pas vous surprendre, dit Hélène avec un sourire : j'ai l'habitude de parler quelquefois de ceux auxquels je pense toujours.

— C'est trop de bonté, balbutia le jeune homme. Que disiez-vous donc?

— J'allais raconter à M. de Choiseul un épisode de notre vie des montagnes.

— Vie obscure et sans jouissance, que mademoiselle regrette au delà de tout ce qu'on peut dire, se hâta d'ajouter Rodolphe.

— Des regrets de cette nature, dit Gilbert, ne se discutent pas.

— Permettez... avec ceux qui les partagent ; mais avec les autres?

— Assez, monsieur le comte, interrompit Hélène. Voulez-vous entendre mon histoire?

— Oui, mademoiselle, si elle est curieuse.

— Très-curieuse.

— Je vous écoute alors, dit Rodolphe.

— Il y a cinq ou six années de cela, commença mademoiselle de Ventimille, j'étais fort jeune, et Gilbert, plus âgé que moi de trois ans, me guidait dans les sentiers de la montagne. A l'époque où la fraise mûrit sous les bois, nous partions souvent le matin pour ne rentrer que le soir, et nous emportions des provisions pour la journée. Oh! oui, j'étais heureuse! car mon frère, — vous voyez, monsieur le comte, je lui donnais déjà ce nom, — mon frère me tressait de longues guirlandes avec le fruit rouge des églantiers et la fleur d'or des bruyères; ou bien il grimpait à la cime des plus hauts arbres pour me déñicher des oiseaux. Quand nous étions las de nos courses vagabondes, nous faisions de joyeux festins sur un tapis de mousse, et nous allions nous désaltérer à la cascade.

— Merveilleux! dit Rodolphe d'un air ironique; quelle ravissante peinture!

— Le chemin se trouvait-il envahi par les

genêts, avions-nous à monter une pente difficile, mon frère me prenait dans ses bras et m'épargnait toute la fatigue. Un jour, il me porta jusqu'à la cime du mont Saint-George. Il nous restait à gravir un roc, un seul, masse énorme dont le frottement des âges avait lissé la surface et qui semblait défier notre escalade. Mais nous avions juré de le franchir. Des sillons creusés par la foudre dans cette pierre antédiluvienne étalaient çà et là leurs crevasses béantes, où quelques pins avaient pris racine. Gilbert, se cramponnant avec force aux branches de l'un de ces arbres, me souleva de la main qui lui restait libre et prenant un élan vigoureux, me déposa sur la crête du rocher.

— Bravo ! cela ne m'étonne pas, monsieur ; vous êtes taillé en Hercule, dit le comte au poëte.

Gilbert s'inclina.

— Mais, reprit la jeune fille, jugez de mon épouvante, lorsque, tout près de nous, je vis un oiseau monstrueux, dont les grandes ailes s'agitaient avec un bruit de tempête. C'était un vautour que nous avaient envoyé les Alpes, ces sœurs aînées du Jura et de la Vosge. Il nous regardait avec des yeux ardents et s'apprêtait à défendre le plateau sur lequel son aire était construite. Mon compagnon se hâta de sortir d'un panier, qu'il avait apporté de l'usine, quelques morceaux de viande fraîche, offrande respectueuse, qu'il jeta devant l'oiseau de proie, et que nous le vîmes bientôt partager à ses petits.

— En vérité, mademoiselle, vous n'aviez pas tort, dit Rodolphe, l'histoire est curieuse.

— Le soir précédent, Gilbert avait aperçu pour la première fois ce nouvel hôte de la montagne, continua la jeune fille; la rencontre était prévue. Mon frère avait une arme dans sa poche;

mais le vautour, sensible à nos procédés, ne nous força point à la défense, et nous nous quittâmes avec lui dans les meilleurs termes. Comprenez-vous maintenant pourquoi je regrette ma douce existence de villageoise, nos longues promenades dans les bois, nos visites au rocher, et surtout mon oiseau géant, qui descendait de la nue pour nous recevoir? Ses larges serres ne menaçaient plus ses nouveaux amis. Plaignez-moi donc, monsieur le comte, et plaignez Gilbert. Il a renoncé à toutes ces joies pour venir me rejoindre dans votre Paris, que M. Rousseau a bien raison d'appeler une ville de boue et de fumée.

— Bah! fit Rodolphe, on a beaucoup moins de regrets que vous ne dites, mademoiselle, et je gage que le poëte vosgien ne veut plus gravir aujourd'hui qu'une seule montagne, le Parnasse?

Il adressait en même temps un regard impérieux à sa complice, dont à chaque minute la force de dissimulation semblait fléchir.

— Mon frère, dit Hélène avec un dernier effort, je veux un souvenir de nos jours d'enfance.

— Tu l'auras, sœur, tu l'auras, quel qu'il soit, je le jure ! répondit Gilbert avec enthousiasme.

— Il faut à l'instant même, sans retard, sans me demander compte de mon caprice, retourner dans les Vosges et faire cent lieues pour aller sur le roc du mont Saint-George me dénicher un des petits du vautour.

— Tu seras obéie, je vais partir ! s'écria le montagnard au comble de la joie.

— Va donc, mon frère, dit Hélène, qui lui tendit sa main fine et rose.

Gilbert y déposa un baiser rapide et sortit.

— Oh ! monsieur ! monsieur ! quel rôle venez-vous de me faire jouer ! dit mademoiselle de Ventimille, éperdue de remords et se cachant le visage.

— Mais, chère belle, dit Rodolphe, c'est un rôle tout simple. Nous sommes dans le cas de légitime défense. Avec un ennemi la ruse est de bonne guerre. Demain nous serons mariés ; après-demain nous courrons en poste sur la route de Madrid, et votre paysan des Vosges ne viendra pas vous réclamer en Espagne une promesse aussi insensée que ridicule.

Le comte salua sa noble fiancée, afin d'aller rejoindre au château M. de Ventimille.

On devait, le soir même, présenter le contrat à la signature du roi ; mais, un courrier tout poudreux, arrivant de Luciennes, Louis XV commanda son carrosse. Toute affaire s'ajourna jusqu'à son retour : en conséquence, il n'y eut ni signature de contrat le soir même, ni mariage le lendemain, ni le surlendemain de départ pour l'Espagne. Mais rentrons à l'hôtel Ventimille.

Depuis une heure au moins, l'Alsacien et le vieux scieur trinquaient ensemble. Ce dernier paraissait prendre aux discours du concierge un intérêt si vif, qu'une cinquième bouteille de bourgogne avait été ajoutée aux quatre qui se débouchaient régulièrement chaque jour.

— Là ! là ! père Groffmann, votre mémoire se trouble, et ce que vous m'apprenez là me fait l'effet d'un conte bleu, dit Nicole.

Il avait dans la voix assez d'assurance ; mais sa main tremblait en versant à boire à son compagnon.

— Un gonte pleu ? s'écria le suisse scandalisé, bar exemple ! Che fous avre tit que mon ébouse, ma brobre ébouse hier timanche, à la baroisse, elle avre entendu le guré buplier les pans au brône.... foilà !

— C'est singulier, dit Nicole, très-pâle.

— Matemoiselle brenb bour mari le gomte te Choiseul, qui n'est bas un gonte pleu, buisgue c'est un cheune homme suberbe ! Gombrenez-fous qu'on en vasse mystère afec nous tans le maison ?

— Oui, je le comprends, Groffmann.

— Ah ! boùrguoi ?

Nicole ne répondit pas. Une ombre venait de passer rapidement devant la porte vitrée de la loge.

— C'est Gilbert qui sort, murmura le vieillard : il a bien le temps de recevoir une pareille tuile sur la tête !

— Mais, dit le suisse, fous ne m'avre bas exbligué...

— C'est bon, c'est bon, Groffmann, nous causerons de cela plus tard. Attendez-moi cinq minutes, pas davantage, le temps de souhaiter à mademoiselle Hélène des noces heureuses.

— Allez, mon prafé ! dit le concierge, qui se promettait, pendant ce temps-là d'achever la bouteille.

Nicole rencontra M. de Choiseul qui sortait; il se rangea pour le laisser passer, puis il pénétra au salon et s'arrêta devant Hélène, sans que celle-ci remarquât sa présence, tant elle était absorbée dans ses réflexions.

Il était impossible que les paradoxes de l'orgueil réussissent tout d'abord à étouffer en elle le cri de la conscience. Bientôt néanmoins ils prirent le dessus, grâce aux habiles leçons d'égoïsme que M. de Choiseul avait eu soin de semer dans son plan de fourberie. Mademoiselle de Ventimille en vint à se persuader qu'elle était seule victime et qu'elle avait eu raison de consommer avec un aussi abominable sang-froid sa trahison envers le poëte. Cette nature féminine avait l'inconstance des vents et la mobilité des flots. Hélène changeait d'idées et de sentiments comme le caméléon change de nuances, et lorsque son cœur se trouvait aux prises avec sa vanité, on était sûr de voir la vanité sortir victorieuse de la lutte. Elle imposa donc une dernière fois silence à ses remords et se leva pour gagner son appartement.

Mais à la vue de Nicole debout devant elle, un cri de frayeur s'échappa de son sein.

— Quel jour vous mariez-vous, mademoiselle? demanda le vieillard, croisant les bras, et lui lançant un coup d'œil si rempli d'indignation qu'elle en frissonna jusqu'au fond de l'âme.

Toutefois, elle sentit la nécessité de reprendre

du calme en présence de cet homme, dont le premier mot révélait un secret qu'on avait eu tant de peine à cacher.

— Que signifie une pareille question? murmura-t-elle. De quel droit me l'adressez-vous?

— Jacques Remi est mort, dit Nicole d'une voix émue; je suis à présent le père de celui que vous trahissez.

— Monsieur !

Oh! ne prenez pas cette mine orgueilleuse! elle ne vous servirait à rien. Vous avez beau vous retrancher aujourd'hui derrière un blason, je n'en ai pas moins soigné votre enfance, et je me souviens d'avoir porté dans mes bras la fille de Jacques.

— Soit. Mais le passé vous autorise-t-il à exercer une inquisition sur ma conduite présente?

Allons donc! laissez également vos grandes

phrases, elles ne vous réussiront pas mieux que vos grands airs. Vous épousez, dit-on, le comte de Choiseul. Je viens savoir de votre bouche même si la nouvelle est véritable.

Quelle folie! Sans doute vous avez eu hâte d'aller raconter ce bruit absurde à Gilbert? dit mademoiselle de Ventimille, pâle de saisissement.

— Non, j'ai voulu vous interroger d'abord, répondit Nicole.

— Merci!... Oh! c'est bien, c'est très-bien ce que vous avez fait là!

— Vraiment? Alors, demanda le brave homme, c'était donc un mensonge?

—Bientôt vous le saurez, dit-elle. Suivez-moi.

La noble élève de M. de Choiseul forgeait un nouveau plan de fourberie digne de l'approbation de son maître. Assurée de la prompte obéissance de Gilbert, elle songeait à rendre impossible, entre celui-ci et le vieux scieur, un entretien qui sans doute eût arrêté le départ pour les Vosges. D'abord elle entraîna Nicole sous une magnifique galerie dont la lune faisait étinceler les parois chargées d'arabesques et de dorures. Là se trouvaient suspendus, à droite et à gauche, des tableaux de famille représentant des chevaliers au front martial, des chanoinesses fourrées d'hermine, de nobles dames aux antiques atours et de graves magistrats revêtus de la simarre.

— Voyez, dit Hélène, devant vous sont les ancêtres de ma mère.

— Ma foi! s'écria Nicole, je ne les ai pas connus, mais n'importe, je les trouve superbes! On assure que ceux de M. de Ventimille étaient de simples paysans.

— L'homme qui grandit par son propre mérite n'a pas besoin d'aïeux.

— C'est juste, vous avez raison. Gilbert est dans ce cas.

— Oh! Gilbert!... illustration d'un autre genre, dit Hélène avec un accent dédaigneux.

Arrivée au bout de la galerie, elle poussa la porte d'une pièce où une femme de service était en train d'allumer des flambeaux. C'était la chambre de mademoiselle de Ventimille. Congédiant la domestique, et priant Nicole de s'asseoir, elle courut ouvrir cette même fenêtre, où tant de fois elle était apparue au poëte, lui faisant oublier ses longues veilles dans une minute de bonheur.

Sorti de l'hôtel, Gilbert venait de rentrer chez lui. Hélène, au déplacement de la lumière et à la variation de l'ombre sur les rideaux, comprit qu'il préparait sa malle de voyageur. Dans la rue attendait un fiacre. En conséquence, le jeune homme, exact jusqu'au scrupule, quand il s'agissait d'accomplir un vœu de sa maîtresse, allait partir à l'instant même. La fille du colonel tressaillait et l'accusait de lenteur. Son regard, brillant d'impatience et de fièvre, se portait tour à tour du rideau de Gilbert au visage étonné de Nicole. Celui-ci ne pouvait comprendre le trouble où il la voyait. Trop heureux de penser que Groffmann colportait une fausse nouvelle, il cherchait à se rassurer de plus en plus à cet égard et attendait qu'on lui parlât. Tout à coup il la vit fermer brusquement la fenêtre.

— Enfin! murmura-t-elle.

La lumière venait de s'éteindre; l'ombre avait disparu, et Gilbert s'était élancé dans le fiacre, en criant au cocher:

— Ventre à terre, à la poste aux chevaux.

Nicole n'avait rien entendu, mais l'étrange

changement qui s'opéra dans la physionomie d'Hélène lui donna le frisson.

— Tout à l'heure, dit-elle, vous m'avez demandé s'il est vrai que j'épouse M. de Choiseul? Approchez, voici qui vous répondra!

Elle lui fit signe de regarder une éblouissante corbeille de satin blanc, posée sur un guéridon de palissandre incrusté d'or. Aux yeux du vieillard, elle en tira de riches parures et un écrin de diamants, dont les mille facettes rayonnèrent sous les flambeaux.

— Eh bien? demanda Nicole.

— Vous voyez, monsieur, dit Hélène, d'une voix sèche et méprisante, la corbeille de mariage que le fils du premier ministre, mon futur, a eu l'excellent goût de me choisir. Avant une heure, Sa Majesté doit signer à notre contrat. Demain, nous recevrons à Notre-Dame la bénédiction nuptiale.

8.

— S'il en est ainsi, cria le vieillard avec un accent terrible, sois maudite! car tu viens de prononcer l'arrêt de mort de Gilbert!

Mademoiselle de Ventimille, dans l'exaltation de son orgueil, froissait honteusement toutes les idées que Nicole s'était jamais faites de la morale et de la sainteté du serment. Il marcha droit à elle et la força, d'un bras inexorable, à ployer sur ses genoux.

— Sois maudite! répéta-t-il. Tu me déchires le cœur, tu insultes lâchement à la mémoire de ton père adoptif, et le ciel approuve la malédiction que je lance sur toi!

— Grâce! murmura-t-elle, effrayée de cette colère et regrettant de l'avoir fait naître.

— Non, non! point de grâce! Oublies-tu donc, misérable enfant perdue, que le duc t'a repoussée au jour de ta naissance, et que tu as été recueillie par charité dans une chaumière des Vosges?... Oui, par charité! tu as beau tressaillir. Un bienfait comme celui que tu as reçu de Jacques ne peut se payer que par la reconnaissance. Gilbert le savait : voilà pourquoi l'or de M. de Ventimille a été rendu... Oh! tu m'écouteras! cria-t-il, voyant qu'elle essayait de se relever et de courir à un timbre pour appeler du secours.

— Monsieur, dit-elle, je suis chez moi, dans la maison de mon père... Vous m'insultez!

— Soit; mais reste à genoux, c'est à genoux que tu dois m'entendre!

Hélène retomba sur le tapis comme une fleur brisée par l'orage. Les flots de sa chevelure se déroulaient en désordre sur ses épaules; ses yeux n'avaient plus de regards et ses lèvres étaient agitées d'un tremblement convulsif. Nicole, en la voyant ainsi écrasée par l'effroi, sentit peu à peu la compassion remplacer la colère. Il leva les mains au ciel et murmura :

— Seigneur! Seigneur! pourquoi n'avez-vous rien mis dans l'âme d'une si belle créature?

Deux larmes descendaient sur sa joue ridée.

— Oh! malheureuse, malheureuse enfant! continua-t-il, que de reproches doit vous adresser votre conscience! Dieu m'est témoin que je voulais empêcher Gilbert de venir à Paris, j'avais le pressentiment de ce qui arrive. Du moins ne fallait-il pas encourager ses espérances. Pourquoi l'avoir aussi indignement trompé! Si vous n'étiez plus la douce et candide fiancée de l'usine, il était plus simple de le lui laisser comprendre petit à petit, en ménageant l'effet de ce coup cruel. Maintenant il succombera au désespoir, ou il voudra se venger. Qu'allons-nous devenir? Il n'est plus temps de rompre avec M. de Choiseul; d'ailleurs, aujourd'hui vous n'êtes plus digne de Gilbert.

Je tremble pour vous, Hélène : il y a du malheur dans l'air que vous respirez, car il est une justice là-haut, voyez-vous, et les coupables sont toujours punis.... Adieu !

Nicole s'éloigna. Mademoiselle de Ventimille, après son départ, demeura longtemps à genoux courbée sous la malédiction qu'elle avait reçue, les yeux fixes et le visage livide.

Gilbert, avant de partir, avait laissé pour son vieux compagnon de chambre un billet que Nicole se hâta de décacheter en rentrant. Il contenait ces mots :

« Hélène m'a prié de faire un voyage qui, du reste, sera de courte durée. Je pars. Nous sommes au treize juin ; le dix-huit, tu me verras de retour. Ainsi, mon bon Nicole, ne sois pas inquiet.

» Gilbert. »

— Malheur ! s'écria le vieillard ; elle a eu

l'indignité de le tromper jusqu'au bout, et le pauvre enfant reviendra pour la trouver mariée au comte. Cette femme est un démon!

Cependant la voiture qui emportait le poëte était déjà loin de la capitale.

Gilbert s'abandonnait à tout le ravissement de la joie. Fermant les yeux pour regarder au fond de son âme la douce image d'Hélène, il rêvait délicieusement, au bruit des roues et aux claquements du fouet qui pressait le galop rapide. Autour de lui tout chantait avec son cœur, la brise dans les ormes du chemin, le postillon sur sa selle, les grelots au cou des chevaux, le rossignol dans les bois solitaires. De leur siége d'azur, il voyait les étoiles lui sourire, et les rameaux des arbres, chargés de pâles rayons, s'inclinaient devant son bonheur. Aussi payait-il double et se faisait-il conduire à grandes guides.

Les villes, sur son passage, prenaient un air de fête, il jetait de l'or aux mendiants pour ne pas entendre leurs plaintes, et, dans le court intervalle des relais, s'il apercevait une villageoise avec son nourrisson joufflu, il descendait embrasser l'enfant et féliciter la jeune mère. Hélène aussi donnera de beaux enfants ! elle voudra les nourrir elle-même pour entendre leur première parole, pour recevoir leur premier baiser ! Oh ! comme il se félicite de son courage ! comme il est récompensé de ses efforts !

La voiture pénétrait dans les gorges des Vosges, que Gilbert n'était pas encore sorti de son extase. Depuis trente-six heures, il courait la poste.

A son arrivée, le soleil, qui se levait derrière la montagne, resta quelque temps au sommet pour la couronner d'un diadème d'or avant de monter dans le ciel. On traversa Fontenoy-le-Château. Le postillon fit descendre le jeune homme à la porte de l'usine, et celui-ci, après s'être fait reconnaître du nouveau propriétaire, demanda la clef du pavillon.

Une heure après, Gilbert traversait la vallée, le fusil sur l'épaule. Ses vieux amis les bûcherons vinrent à sa rencontre ; il reçut les accolades des flotteurs, souriant et parlant comme autrefois à tous ces hommes naïfs dont l'affection lui était précieuse. Lorsqu'il leur communiqua son projet, il n'y eut qu'un cri pour l'en détourner.

— Miséricorde ! y songez-vous ? disait l'un. Prenez garde, Gilbert, prenez garde ! le vautour ne plaisante pas. Avant-hier, Denis et Mathieu sont descendus de là-haut, le visage sanglant et la moitié du crâne pelé.

— D'ailleurs, ajouta un autre, votre fusil

n'y peut rien : les balles glissent sur les plumes de l'oiseau.

— Qu'importe ? Hélène le veut ! cria Gilbert.

Et il se dirigea du côté de la montagne. Il prit le sentier qu'il avait suivi tant de fois avec sa sœur; il retrouva les bruyères dont il faisait des guirlandes, les églantiers dont il enfilait les fruits de corail pour les passer au cou d'Hélène, le banc de mousse où elle s'était assise, la cascade dont le murmure l'avait endormie sur ses genoux ; il reconnut leur chiffre gravé au tronc des arbres.

Bientôt le poëte atteignit cet escarpement, qu'il avait eu le premier la hardiesse de franchir, et s'élança d'un bond jusqu'à l'aire du vautour.

Le roi de la montagne était absent. Gilbert déposa son fusil, heureux de n'avoir point à lutter contre cet ami de son enfance. Trois petits, déjà grands, dormaient au fond du nid gigantesque ; il prit le plus fort et lia ses jeunes serres qui voulaient se défendre. Il allait se retirer avec sa capture, lorsque le vautour tomba tout à coup sur lui du haut des nuages.

Un cri perçant, terrible, un cri de douleur, qui fut répété par tous les échos des montagnes, sortit de la poitrine du jeune homme.

Effrayé de ce cri, l'oiseau lâcha prise. Mais il continua de tourbillonner comme la tempête autour du ravisseur, dont il frappait de ses larges ailes le front ensanglanté. Gilbert eut néanmoins assez de courage pour saisir son fusil et le décharger presque à bout portant sur le vautour qui tomba mort.

V

Vers le milieu du quatrième jour après le départ du poëte, Nicole entendit frapper avec violence à la porte de l'appartement qu'ils occupaient. Il se hâta d'ouvrir, et recula de surprise à la vue d'un commissaire, suivi de trois exempts.

— Au nom de la loi, dit le magistrat, je vous ordonne de me livrer la clef des meubles.

— Pardon !... sans doute il y a méprise ? balbutia Nicole.

— Nous sommes chez le sieur Gilbert, homme

de lettres. On l'accuse d'avoir publié un libelle diffamatoire contre des citoyens honorables, et je viens saisir chez lui tout ce qui peut servir de preuve à l'accusation.

— Vous ne toucherez à rien ! cria le vieillard avec énergie.

Sur un signe du magistrat, deux exempts saisirent Nicole et l'empêchèrent de bouger de place. Il eut beau protester contre cette violation de domicile, tous les manuscrits du poëte furent examinés, tous ses meubles ouverts. Aidant son chef dans la perquisition, le troisième exempt trouva le billet écrit par le neveu de Jacques, avant son départ pour les Vosges.

— Bon ! le renseignement est précieux, dit le commissaire qui venait de parcourir ce billet. Notre homme sera de retour demain, dix-huit du mois. On arrive des provinces de l'Est par la Villette ou le Trône : il sera facile de le saisir au passage. Pour vous, mon brave, ajouta-t-il, en s'adressant au vieillard consterné, je vous mets pour vingt-quatre heures en état d'arrestation. L'essentiel est que vous soyez hors d'état de donner avis au prévenu des mesures prises pour nous assurer de sa personne.

— Oh ! voilà qui vient encore d'Hélène ! murmura Nicole, entraîné par les exempts à la Conciergerie.

Nous devons dire néanmoins que ce nouveau tour de machiavélisme, rendu nécessaire par le retard de la signature de Louis XV, n'était pas le résultat d'une combinaison de mademoiselle de Ventimille. Rodolphe, seul, l'avait conçu et exécuté. Prévoyant que son rival allait être de retour avant la célébration du mariage, il s'empressa d'informer le colonel du serment fait par Hélène au montagnard, lui apprenant en outre les regrets de sa fille et la terreur que lui inspirait Gilbert. Le duc s'indigna des prétentions audacieuses du jeune homme, prétentions qu'un excès de bonté de sa part avait, pour ainsi dire, encouragées. Il adopta les mesures proposées par Rodolphe pour empêcher un scandale. Ordre d'agir fut aussitôt transmis au lieutenant de police, et nous avons vu ce que cet ordre avait produit.

Mais, dans la journée du lendemain, une circonstance imprévue donna tout à coup trop de besogne aux exempts de la capitale pour qu'ils songeassent à arrêter Gilbert.

Déjà plus d'une fois le Parlement, effrayé du désordre des finances et des intrigues de la favorite, avait cru devoir adresser à cet égard de respectueuses remontrances à Louis XV. Or, madame Du Barry se promettait de châtier l'audace du Parlement. Elle profita du séjour de

Louis XV à Luciennes pour obtenir contre ses ennemis une ordonnance, qui fut contresignée par le chancelier Maupeou, et publiée dans la matinée du dix-huit.

Lorsqu'on sut que le roi cassait le Parlement, la capitale tout entière s'émut et protesta contre ce dernier triomphe de la favorite. Un bruit étrange, semblable à ces tonnerres lointains qui se répondent d'une extrémité de l'horizon à l'autre, grondait dans les rues et dans les carrefours, et la crainte s'emparait invinciblement de tous les esprits. On croyait l'émeute imminente. A l'hôtel de Ventimille régnaient l'incertitude et le trouble. Décidément on s'était passé, pour le contrat, de la signature du roi, trop préoccupé, depuis quelques jours, pour être abordable. Les carrosses attendaient, prêts à conduire les futurs à Notre-Dame.

Inquiet des rumeurs qui s'étaient éveillées

dans Paris à la publication de l'ordonnance, le colonel proposait de remettre au lendemain le mariage à l'église.

— En vérité, vous avez tort de prendre ainsi l'alarme, monsieur le duc, dit Rodolphe, jetant un coup d'œil dans les rues du voisinage; s'il y a quelque soulèvement populaire, on le réprimera bien vite à coups de sabre. N'est-ce pas votre avis, chère Hélène?

Mademoiselle de Ventimille ne put répondre, car à l'instant même une apparition terrible la glaça jusqu'au fond de l'âme. Elle voyait Gilbert debout à quelque distance.

La figure du poëte était recouverte en partie d'un large morceau de soie noire, qui faisait ressortir son effrayante pâleur. Il portait sur le poing sa capture de la montagne. Tous les préparatifs qui venaient de frapper ses regards, à son entrée dans l'hôtel, avaient suffi pour lui apprendre la trahison dont il était victime. Rejetant contre la porte-cochère Groffmann, qui voulait s'opposer à son passage, il franchit le vestibule et prit le chemin du salon.

M. de Ventimille et Rodolphe, en le voyant paraître, se précipitèrent à sa rencontre.

— Oh! rassurez-vous. monsieur le duc, rassurez-vous! dit-il, avec une voix dont le calme faisait peur : j'ai trop appris à mes dépens les convenances du monde pour manquer aux égards que je vous dois dans votre maison. Une seule personne ici doit trembler, continua-t-il, en désignant Rodolphe du regard.

Celui-ci voulut répondre, mais Gilbert lui imposa silence par un geste énergique, et s'approcha de la future. Elle était plus pâle que sa blanche toilette de mariée.

—Votre désir est satisfait, je vous apporte un des petits du vautour, continua t-il, en déposant

9.

sur le dossier d'un fauteuil l'oiseau qu'il avait privé pendant la route. J'espérais vous le présenter comme un souvenir d'enfance, je vous le laisse comme un remords. Vous êtes trop pressée, mademoiselle, car je venais vous rendre vos promesses. Regardez! auriez-vous pu consentir encore à me prendre pour époux?

A ces mots arrachant la soie qui lui couvrait le visage, il montra les blessures profondes que la serre du vautour lui avait faites au-dessus de l'œil et aux tempes.

Hélène vit le sang jaillir; elle jeta un cri d'horreur.

— Maintenant, monsieur de Choiseul, à nous deux! dit le poëte, marchant à son rival. Seul, vous avez pu instruire Hélène à faire mentir sa conscience, à parjurer sa foi; donc, il faut vous résoudre au châtiment. Vous êtes un infâme!

Jusque-là, muet de stupeur, M. de Ventimille

essaya, mais trop tard, de s'interposer entre les rivaux : la main de Gilbert imprima l'affront sur la joue de Rodolphe. Au hurlement de rage que poussa le comte, on vit accourir toutes les personnes invitées à la noce et réunies dans un salon voisin. Mais déjà M. de Ventimille avait appelé ses laquais pour jeter l'agresseur dehors. Cet affront valait l'autre.

En ce jour de trouble, impossible de recourir à l'intervention des ministres. Toutefois il restait un moyen d'échapper à de nouveaux scandales : c'était de terminer le mariage au plus vite, afin de partir le soir même pour Madrid. Le carrosse qui devait conduire les futurs à l'église sortit de l'hôtel, escorté par un piquet de mousquetaires que le duc manda pour plus de sûreté. Dans les rues presque désertes, on ne rencontrait çà et là que des estafettes courant à toutes brides, ou des hommes au regard sombre qui avaient l'air de cacher des armes sous leurs vêtements. Après une course rapide le carrosse arriva au parvis Notre-Dame ; les soldats s'alignèrent sous le portail, et la messe du mariage commença.

M. de Ventimille fut obligé de quitter la cathédrale avant la fin de la cérémonie ; un exprès lui apporta l'ordre de se rendre immédiatement près du roi.

La messe terminée, les époux remontèrent en voiture, et l'escorte s'apprêtait à les accompagner au retour, quand cinquante hommes du peuple débouchèrent tout à coup des rues adjacentes, en poussant des cris sinistres. A la tête de cette troupe était Gilbert. Nicole, sorti de prison depuis une heure à peine, l'accompagnait.

Dépourvus de munitions, les soldats se regardaient avec inquiétude ; néanmoins ils essayèrent de charger l'émeute et d'ouvrir une issue aux équipages. Mais ils furent désarçonnés en un clin d'œil ; le peuple les chassa du parvis.

Hélène se jeta, frémissante, à l'autre extrémité du carrosse, en reconnaissant l'homme qui abaissait les glaces et sommait Rodolphe de descendre.

— Monsieur, balbutia le comte, voulez-vous m'assassiner ?

Gilbert haussa les épaules. Il fit signe à Nicole de monter dans la voiture, près d'Hélène qui venait de s'évanouir.

— Non, répondit ensuite le poëte avec calme : c'est un duel que je veux, un duel impitoyable. Voici nos témoins ! ajouta-t-il, en montrant la foule qui assistait, curieuse, à ce débat. Si je meurs, tu reprendras ta femme ; si tu succombes, elle m'appartient !

Voyant qu'il n'avait à courir que les chances

d'une rencontre ordinaire, le comte répondit :

— Soit, j'accepte. Trouvez une épée, j'ai la mienne.

— Point d'épées! cria Gilbert. Voici deux mousquets. Un seul contient la mort. Choisis! Je m'en rapporte au jugement de Dieu.

Rodolphe prit l'une des deux armes.

— Les canons sur nos poitrines! dit le poëte.

On donna le signal. Un coup partit. Rodolphe tomba. Gilbert et Nicole s'empressèrent de tirer du carrosse Hélène, toujours évanouie, et de la transporter dans une autre voiture, cachée derrière un des angles de la massive cathédrale. C'était la chaise de poste qui avait fait le voyage des Vosges. Elle reprit la même route; mais, cette fois avec une rapidité plus grande encore. Tout avait été mûri d'avance pour exécuter ce hardi coup de main : Gilbert profitait de l'é-

meute, personne n'eut l'idée de se mettre à sa
poursuite.

Quand Hélène revint à elle et se vit emportée
comme par les fantômes d'un songe, elle bondit
d'effroi et voulut appeler au secours. Le poëte
lui dit avec son calme terrible :

— Pas un cri, pas un geste ! ou nous allons
mourir ici l'un et l'autre. Vous savez comme
j'exécute mes résolutions !

Elle retomba au fond de la voiture. Nicole
regarda Gilbert et parut demander grâce pour
cette pauvre femme anéantie et brisée; mais
la route s'acheva sans que le visage sombre
du jeune montagnard trahît la moindre compassion.

Jamais les Vosges n'avaient été plus belles ;
jamais les noirs sapins n'avaient porté plus hardiment dans les cieux leur cime chevelue. On
voyait de blancs nuages se détacher de l'azur et

descendre sur les sommets verdoyants, qu'ils enveloppaient de leur voile de gaze. Le soleil prodiguait ses plus doux rayons de pourpre et d'or; les cailloux étincelaient dans les fontaines comme des rubis au fond d'une coupe limpide, et la brise courant sous l'ombre des bois emportait sur son aile avec des chants d'oiseaux la pluie fine des cascades, pour mieux répandre dans la vallée la fraîcheur et l'harmonie.

— Hélène, dit Gilbert, en ouvrant la porte du pavillon, c'est ici que nous devions demeurer ensemble. Là, près de moi, j'aurais vu dormir nos enfants... Mais c'était un trop beau rêve, n'est-ce pas, Hélène ?

— Pitié ! pitié ! s'écria la fille du colonel, tombant à deux genoux et sanglotant à fendre l'âme.

Elle était toujours vêtue de sa robe de mariée; les boucles de ses cheveux, souillées de la poussière de la route, tombaient en désordre sur ses joues pâles, et ses yeux étaient brûlés par les pleurs. Nicole, agité de sinistres pressentiments, se tenait au seuil du pavillon. Gilbert l'appela, lui remit une lettre fermée d'un cachet noir et lui ordonna de la porter à Fontenoy chez son notaire. C'était le testament du poëte.

— Venez, Hélène! dit celui-ci, relevant la comtesse.

Il lui fit traverser le jardin. Le ruisseau caressait doucement ses rives bordées de pervenches, avant d'aller tomber sur la roue de l'usine; la bruyère du Cap et les seringas étaient en fleurs.

— Ce berceau de chèvre-feuille avait été planté pour vous, Hélène, dit Gilbert. Tous les matins, je serais venu l'arroser, afin de conserver sa fraîcheur et sa verdure. J'aurais cueilli des jasmins et des branches de myrte pour les semer sur la couche de mon épouse endormie... Mais vous êtes l'épouse d'un autre ! A l'heure du réveil, vous m'eussiez payé par un de vos doux sourires d'autrefois... Mais vous avez prostitué vos sourires ! Je me serais assis là, près de vous, au pied de ces platanes, sur ce banc de gazon ; j'aurais remercié le ciel de mon bonheur.. Mais ce bonheur est maintenant impossible ! Venez, Hélène.

Ils descendirent la vallée. La comtesse éperdue se laissait conduire ; Gilbert la soutenait et gardait un morne silence. Au bout d'un quart d'heure de marche, ils arrivèrent près de l'église de Fontenoy. Le jeune homme, poussant la grille du cimetière, s'arrêta devant un tertre, que l'herbe recouvrait déjà et sur lequel s'élevait une croix de marbre noir.

— Hélène, dit-il, en se découvrant, voici la tombe de Jacques.

— Oh ! tuez-moi, Gilbert ! tuez-moi plutôt que de me faire souffrir, murmura-t-elle, en tombant accablée sur la terre humide.

— Prions, Hélène, prions pour ceux qui sont morts ! Un peu de courage, et nous pourrons à notre tour goûter le repos... le repos éternel !

Se relevant après sa prière, le poëte eut un instant pitié de cette pauvre créature, épuisée par tant d'émotions, si belle encore dans son déséspoir et si jeune pour mourir. Mais la voix qui, au fond de son âme, lui criait de pardonner, se tut bientôt devant l'accent plus impérieux de la vengeance. Il se rappela l'odieuse perfidie d'Hélène, les protestations qu'elle lui avait toujours faites d'une tendresse mensongère, alors même qu'elle se disposait à le trahir ; il se rappela que lui, crédule poëte, avait eu foi en elle comme il ne l'aurait pas eue en Dieu. Pouvait-il deviner la trahison sous un sourire d'amour, le mensonge sous des paroles comme en prononcent les anges? Elle n'a pas reculé devant une ruse indigne pour l'éloigner de Paris et se jeter, en son absence, dans les bras d'un autre. Gilbert évoquait malgré lui toutes les riantes espérances, tous les songes radieux du passé, doux fantômes que l'amour d'une femme avait fait naître et qu'un caprice de cette même femme venait de chasser sans retour. Ici-bas après avoir perdu le cœur d'Hélène, il n'y a plus pour lui de félicité possible. Aussi va-t-il en finir avec l'existence; mais il ne veut pas que la fille du colonel insulte à sa dernière heure. Oh! comme elle danserait sur sa tombe! comme elle irait l'oublier au milieu de ce monde, dont les séductions ont perverti son âme et tué son amour! il consentirait à mourir sans elle, s'il était sûr de revenir, sous le linceul d'un spectre, épouvanter son sommeil, troubler ses joies et lui rappeler son parjure. Mais Dieu ne le permettrait pas : il vaut mieux qu'elle meure! D'un bras inflexible, il releva la comtesse et l'entraîna rapidement du côté du mont Saint-George.

VI

Le soleil commençait à descendre à l'horizon; c'était l'heure où l'ouvrier des champs rentre à la chaumière pour le repas du soir. On n'entendait que le bruit de l'usine dans le lointain, le glapissement de la cigale sous l'herbe, et le faible cri du rouge-gorge caché dans un buisson de genets. A l'entrée du bois, Gilbert emprunta la cognée tranchante d'un bûcheron.

Bientôt ils eurent traversé les sombres avenues de la montagne, et, comme autrefois, le neveu de Jacques prit Hélène dans ses bras pour la transporter au faîte du roc.

— Nous sommes au terme de notre course, dit-il. Regardez! Voici le cadavre de notre oiseau de proie : je l'ai tué pour me défendre, et vous pouvez reconnaître celle de ses griffes qui m'a labouré le front; elle est encore tachée de mon sang. Le nid contenait deux jeunes vautours, outre celui dont je vous ai fait hommage; mais ils sont morts de faim. C'est aussi le genre de mort que j'ai choisi pour vous et pour moi [1].

A ces mots, la comtesse parut sortir de

---

[1]. Un vieux médecin des Vosges, ami de Gilbert, existait encore en 1839. Il nous affirmait, en nous racontant cette histoire effrayante, que le poëte, à ce second voyage, était déjà frappé de folie. Nous ne le pensons pas, tout en concevant que l'exaltation de sa vengeance ait pu le persuader au docteur.

l'anéantissement moral où elle était plongée.

— Non! non! s'écria-t-elle, en joignant les mains, vous ne serez pas aussi barbare!... Oh! vous dites cela pour me faire peur, n'est-ce pas, Gilbert?

— Madame, répondit froidement le jeune montagnard, une fois ce pin renversé, la retraite vous sera défendue. Le jour tombe, on ne nous aperçoit plus de la vallée, et d'ailleurs, je suis là pour vous empêcher, durant notre longue agonie, de faire le moindre signal. On ne se doutera pas que deux êtres humains finissent de vivre sur ce rocher désert.

— Grâce! au nom du ciel, grâce! murmura la malheureuse femme, dont les bras se tordaient au milieu des angoisses du désespoir.

Sourd à ses cris, insensible à son épouvante, le poëte se dirigea vers l'arbre fatal, et le premier coup de hache ébranla ce vieil enfant de la montagne, dont les siècles avaient fixé dans le roc les racines profondes. Hélène courut à Gilbert, et lui saisit le bras avec une force surnaturelle.

— Oh! c'est impossible! vous ne commettrez pas un pareil crime, vous ne serez pas mon bourreau! dit-elle, en fermant la bouche du jeune homme qui voulait répondre. Gilbert! souvenez-vous qu'ici même vous m'avez appelée votre sœur.

— Et tu oses évoquer de pareils souvenirs?

— Oui, je l'ose! répondit-elle, car la peur de la mort lui donnait un singulier courage. Pour Dieu, calmez-vous, ne me regardez plus de cet œil courroucé... Gilbert! Gilbert! c'est à genoux que je vous prie de me pardonner mes torts. Hélas! n'aurez-vous donc point d'indulgence pour une faible femme, éblouie tout-à coup par le faste des richesses, par les pompes de la cour? Vous l'avez dit vous-même, ce sont les conseils de M. de Choiseul qui m'ont perdue ! c'est lui qui m'a fait rougir de mon ami d'enfance, de mon frère ! Oh! maintenant, l'orgueil ne m'aveugle plus, j'étais folle ! Puisque cet homme est mort, nous pouvons retrouver le bonheur.

— Et qui vous dit que votre époux n'existe plus? cria le poëte avec un éclat furieux. Si la balle dont je l'ai frappé n'est pas mortelle, s'il vient réclamer ses droits, que lui répondrez-vous?

— Nous fuirons, Gilbert, nous fuirons à l'autre bout du monde...

Il poussa un éclat de rire sauvage.

— Insensée !... Voilà donc ce que tu me proposes : marcher sur un cadavre, ou traverser la fange de l'adultère pour aller à toi?... Non, mille fois non! mieux vaut mourir!

A ces mots, il reprit la hache. Bientôt le pin chancela sous des coups redoublés. Chacun de ces coups retentissait comme un glas funèbre dans l'âme éperdue de la jeune femme et brisait son dernier espoir. Mais, soudain, au milieu du fracas épouvantable causé par la chute de l'arbre, elle fit entendre un cri où la joie se mêlait à l'épouvante. Le pin venait d'entraîner plusieurs énormes fragments du roc, et Gilbert roulait avec les débris sur la pente de la montagne. . . .

. . . .

. . . .

Quelques habitants de Fontenoy, revenant du marché d'Épinal, crurent entendre des cris à la cime du mont Saint-George. Ils allumèrent des torches et se portèrent du côté où l'on appelait au secours.

Gilbert fut retrouvé presque mort sous l'éboulement [1], et l'on ramena la comtesse saine et sauve.

Il ne fut pas difficile à madame de Choiseul de rencontrer des protecteurs. Cinq ou six hobereaux du voisinage disputaient au bailli de Fontenoy l'honneur de la reconduire à Paris; mais elle préféra se retirer à Remiremont, chez les chanoinesses, en attendant que son noble père, averti par un courrier, vînt la chercher lui-même. Huit jours après, M. de Ventimille arriva.

Ni lui, ni aucune des personnes qui s'intéres-

---

[1] Une lettre de Remiremont, annonçant l'état déplorable de Gilbert, parut un matin, dans *le Mercure*, avec certaines insinuations peu flatteuses pour Rodolphe et sa jeune femme. On se hâta d'imposer silence à cette feuille, et les philosophes crièrent partout que le pamphlétaire était *tombé de cheval*. (Voir toutes les *Gazettes* d'octobre 1779.)

saient à la jeune épouse n'avaient songé à diriger les recherches hors de la capitale. Quand il reçut le message d'Hélène, il publia partout que sa fille, dans l'épouvante causée par l'attaque populaire, avait demandé refuge à un couvent. Cette assertion trouva beaucoup d'incrédules.

La blessure de Rodolphe n'était pas mortelle, et la joie de retrouver avec sa femme une dot de près d'un million contribua puissamment à accélérer sa convalescence.

Il eût été par trop maladroit d'inquiéter Gilbert. Dans l'intérêt de la réputation de la nouvelle comtesse, l'entreprise du montagnard devait rester ignorée. M. de Choiseul, apprenant que son ennemi avait survécu à une effroyable chute, et trop habile pour essayer de se venger directement, changea de système et se mit à exciter la haine des philosophes contre Gilbert, au lieu d'en arrêter l'éclat.

— Il n'osera plus reparaître à Paris, leur dit-il, je vous en donne l'assurance. Vous pouvez l'écraser sans miséricorde !

Messieurs les encyclopédistes avaient trop de rancune dans l'âme et trop de fiel au bout de leur plume pour ne pas suivre ce nouveau conseil de Rodolphe ; ils s'appliquèrent à répandre les insinuations les plus calomnieuses contre l'auteur de *la Satire du dix-huitième siècle.*

Cependant Gilbert, sauvé par les soins de Nicole et de ses autres amis de la montagne, sentait peu à peu se calmer les souffrances de son âme, plus dangereuses que celles de son corps et plus difficiles à guérir. Il se résignait à vivre obscur et tranquille au fond des Vosges, quand une malheureuse gazette vint lui montrer les attaques dont il était victime. L'homme, ici-bas, ne peut échapper à sa destinée. Courageux, indomptable, excité par la voix intérieure qui lui criait : « Tu es plus fort que tous ces hommes! » le poëte rappela sans hésiter la muse coiffée de serpents de la satire et prit de nouveau le chemin de Paris, avec des armes toutes prêtes pour recommencer le combat. Nicole, à qui, cette fois, il défendait de le suivre, essaya vainement de le faire renoncer à ce départ.

On se rappelle que Gilbert avait fait son testament, le jour où il croyait mourir avec Hélène sur la montagne; ce testament, qui instituait le vieux scieur son légataire universel, fut remplacé par une donation, que Nicole se vit contraint d'accepter, le neveu de Jacques déclarant de la manière la plus nette et la plus catégorique qu'il ne voulait pas d'autres ressources que sa plume, et regardant cette résolution comme le moyen le plu sûr de doubler son courage. Hélas! ce fut peut-être ce qui occasionna sa perte! La faim, la pauvreté, quoi qu'on dise, sont de tristes compagnes pour le génie.

Aucun des libraires de la capitale n'osa publier les œuvres de l'homme condamné par les philosophes, et Gilbert fut obligé de payer un imprimeur avec le peu d'argent qu'il avait apporté des Vosges.

En lisant le nouveau pamphlet, d'Alembert et un illustre critique, fouettés plus cruellement que les autres, jetèrent des clameurs furieuses. La Harpe venait de comprendre que certains vers de ce pamphlet devaient rester à tout jamais sur sa mémoire comme un stigmate :

C'est ce petit rimeur, de tant de prix enflé,
Qui sifflé pour ses vers, pour sa prose sifflé,
Tout meurtri des faux pas de sa muse tragique,
Tomba de chute en chute au trône académique.

A partir de cette publication, Gilbert fut présenté à la France et à l'Europe comme un poëte venimeux, gonflé de bave et de jalousie, comme un être perdu de vices et de débauche, comme un scélérat capable des plus noirs forfaits. Seul contre tous dans cette lutte infernale, abandonné par des amis craintifs, en butte aux angoisses de la misère, le poëte succomba.

Mais il lui manquait un dernier désespoir.

Gluck, le célèbre virtuose, un des rares artistes qui osaient avoir une opinion par ce temps de despotisme littéraire, prenait quelquefois la défense du jeune poëte, et lui envoyait des places d'Opéra. Nous retrouvons Gilbert à une représentation d'*Armide*.

Il écoutait religieusement la musique de Gluck, lorsque tout à coup des rires mal étouffés, partis d'une loge voisine, lui firent tourner la tête. Quatre ou cinq hommes et une femme, assis dans cette loge, osèrent, devant lui et assez haut pour se faire entendre, dialoguer par dérision les deux premiers vers de la satire intitulée *Mon Apologie* :

— C'est ce monstre ? — Qu'entends-je ? — Oui, son œil
[le décèle;
C'est lui-même. — Sans doute, il médite un libelle?

Gilbert poussa une exclamation de rage. Il venait de reconnaître Hélène, éblouissante de parure, qui le désignait avec mépris du bout de son éventail.

On cria de tous côtés contre l'interrupteur; des valets du théâtre survinrent et le mirent à la porte, aux acclamations du parterre et aux éclats de rire insultants des personnes de la loge. Le lendemain, le malheureux poëte était fou.

Nous n'essaierons pas de peindre cette longue et triste agonie, que la religion essaya d'adoucir; nous jetterons le voile sur ce drame effrayant dénoué à l'Hôtel-Dieu, et que des voix plus éloquentes que la nôtre ont retracé dans toutes ses lugubres péripéties [1].

Quelque temps avant sa mort, Gilbert retrouva toute la lucidité de sa raison. Dieu voulut que le cygne chantât à son heure suprême et nous laissât, comme dernier monument de sa gloire, ces admirables strophes, que le monde entier sait par cœur, et qui arracheront des larmes à nos derniers neveux :

Au banquet de la vie, infortuné convive,
 J'apparus un jour et je meurs :
Je meurs, et sur la tombe où lentement j'arrive,
 Nul ne viendra verser des pleurs.

1. Charles Nodier et Alfred de Vigny ont raco... de Gilbert.

Salut, champs que j'aimais, et vous, douce verdure,
 Et vous, riant exil des bois !
Ciel, pavillon de l'homme, admirable nature,
 Salut pour la dernière fois !

Ah ! puissent voir longtemps votre beauté sacrée,
 Tant d'amis sourds à mes adieux !
Qu'ils meurent pleins de jours, que leur mort soit pleurée,
 Qu'un ami leur ferme les yeux !

La plume s'échappa des mains du poëte, son souffle s'arrêta, ses yeux s'éteignirent ; cette âme, si éprouvée sur la terre, voyait le terme de ses souffrances et remontait au ciel.

Devenue duchesse de Choiseul par la mort du père de Rodolphe, Hélène fut une des femmes les plus brillantes et les plus recherchées du siècle. Elle prévit assez tôt le désastre révolutionnaire, sauva sa fortune, emporta ses millions dans l'exil et revint en France à la suite des armées cosaques. De très-bonne heure, elle eut la satisfaction d'être veuve, ne se remaria point, vécut jusqu'à l'âge de quatre-vingt-trois ans, et mourut sans remords.

LA CLÉ
DE COMMUNICATION

Il y a de par le monde du théâtre certain objet curieux, dont vous n'êtes pas sans avoir entendu parler.

Nombre d'incrédules soutiennent que c'est un mythe, un symbole, un rêve de poëte, un conte de bonne femme, une invention de puffiste... Point du tout ! Nous avons vu cet objet, nous l'avons touché ; mais il nous est défendu de l'avoir en notre possession.

Pourquoi? nous direz-vous : pour une raison très-simple, cela coûte trop cher.

Il ne s'agit cependant que d'une clé, d'une modeste clé, qui n'est pas même en or; mais cette clé ouvre la porte mystérieuse qui mène de l'intérieur d'une salle de spectacle dans les coulisses, par un labyrinthe capable de faire inventer le fil d'Ariane, s'il ne l'était pas.

Demandez à un directeur sa clé ou la vie, il vous répondra : « Prenez ma vie ! »

Grâce à la porte secrète, il tombe à l'improviste sur le registre du contrôle ou montre la tête de Méduse à l'ouvreuse infidèle. Comment déjoue-t-il un complot tramé contre son pouvoir? comment peut-il être instruit des intrigues d'un auteur, des projets ambitieux du régisseur, des mille et un propos des acteurs ? c'est au moyen de la porte des coulisses.

Et puis quel théâtre n'a pas ses mauvais jours, ses jours de ruine et d'abandon?

Le directeur, avec le talisman qu'il possède, trouve presque toujours, à ces époques fatales, une planche de salut dans le naufrage ; mais celui qui achète l'entrée des coulisses ferait mieux de se brûler la cervelle.

Un de nos principaux théâtres du boulevard était menacé d'une faillite. Les employés se croisaient les bras, les ouvreuses dormaient sur la chaise éclopée des couloirs et les artistes jouaient devant les banquettes. Depuis environ six semaines, le directeur, dans la manœuvre de sa barque, s'aidait uniquement du souffle de l'espérance ; mais comme le personnel d'un théâtre ne professe qu'une médiocre sympathie pour la seconde vertu théologale, il fallait se résoudre à chavirer.

Comment apprendre aux comédiens cette déplorable nouvelle ?

La toile venait de tomber sur le premier tableau de la pièce du jour, et notre directeur, à qui nous donnerons le pseudonyme de Saint-Aubin, se promenait sous les arceaux gothiques d'un monastère, quand une nonne échevelée vint droit à sa rencontre.

C'était la première amoureuse, à laquelle il devait trois mois d'appointements.

Le coup de sifflet du machiniste fit disparaître le monastère, et Saint-Aubin fut délivré de la nonne ; mais au milieu de l'avenue d'un parc, succédant au premier décor, il rencontra le traître de mélodrame, qui lui lança des regards furibonds et tourmenta dans sa gaîne une lame de Tolède.

Ne sachant où fuir pour échapper au

courroux de ce terrible adversaire, le directeur frappa les trois coups d'usage, et le rideau se leva.

Par malheur, l'anarchie la plus complète régnait dans la troupe ; chacun refusait d'entrer en scène.

Reculant devant une multitude de figures hostiles et persuadé qu'on en voulait à ses jours, Saint-Aubin courut vers la rampe avec l'intention de se réfugier dans les bras du public.

Or, le public se composait, ce soir-là, du chef d'orchestre, de sept ou huit gamins juchés au plus haut du paradis, de deux rentières du Marais, et d'un monsieur caché dans une baignoire.

Ce dernier jeta le billet suivant aux pieds de l'infortuné directeur :

« Je mets cent mille francs à votre disposition, si vous me rendez le service que je réclamerai de vous. Demain je vous attends, rue Bleue, 30.

» Noël, banquier. »

On devine que, pour rétablir l'ordre, Saint-Aubin n'eut qu'à placer ce peu de mots sous les yeux de ses pensionnaires.

Le lendemain, à l'heure dite, on l'introduisit chez le spectateur de la baignoire.

— Vous allez déposer votre bilan, monsieur, dit celui-ci, sans préambule. Hier, on vous a décrété de prise de corps. Vous devez?

— Quatre vingt-dix mille francs.

— Je vous ai promis cent mille francs, et je tiendrai ma parole. Mais pour ramener le public à votre théâtre vous auriez besoin de quelque artiste de mérite. Que pensez-vous d'Ernestine?

— Ravissante! s'écria Saint-Aubin : des yeux d'Espagnole, un pied de Chinoise, une main...

— Vous sortez de la question. Je vous demande votre jugement sur l'artiste et non sur la femme. Pouvez-vous engager Ernestine?

— Hum : il faudra des offres séduisantes pour l'arracher à la Comédie-Française. De plus, on aurait à payer un dédit de vingt mille francs.

— Combien pensez-vous offrir à ma protégée?

— Un tiers en sus de ses appointements actuels.

—Bien. Voici des coupons de rente pour cent quarante mille francs. Engagez Ernestine et donnez-moi la clé de la porte des coulisses.

— Je n'ai rien à vous refuser, dit le directeur, présentant la clé d'une main, et recevant, de l'autre, les bienheureux coupons de rente.

Après huit jours de relâche, pour cause de réparations, le théâtre affiche triomphalement les débuts de mademoiselle Ernestine. Dès le premier acte, une pluie de couronnes tombe aux pieds de l'actrice; la salle est comble et le directeur encaisse une recette monstre.

A présent deux mots sur le banquier.

C'est un de ces hommes que la dureté des circonstances mûrit artificiellement avant l'âge, et qui sont obligés de brider leurs passions comme autant de chevaux fougueux, sous peine d'employer pour les satisfaire des moyens indignes de l'honneur et de se classer volontairement parmi les chevaliers d'industrie.

Mais la sagesse prématurée de ces hommes ne peut être durable.

Placez-les au milieu de circonstances moins pénibles, l'humaine faiblesse prendra le dessus chez eux comme chez le commun des mortels. Seulement, par cela même qu'ils ont comprimé dans leur jeunesse le ressort des passions, celles-ci ne s'en développent que d'une manière plus énergique, à un âge où la raison doit les maîtriser.

Noël était à vingt ans premier commis de l'une des plus fortes maisons de banque de la capitale. L'intelligence du jeune homme, son amour pour le travail lui avaient conquis à un si haut degré l'estime de la clientèle, qu'il trouva de nombreux répondants à la mort de son patron, et que le sceptre financier passa dans ses mains.

Beaucoup de mariages avantageux se présentèrent : il les refusa pour ne pas être distrait de ses travaux par les tracasseries du ménage, par les mille prévenances qu'exige une jeune femme.

Il habitait un appartement modeste, mangeait chez le traiteur et n'avait qu'un seul domestique.

On ne lui connaissait point de liaison.

Ce caractère exceptionnel ne pouvait manquer de faire naître la confiance. En moins de cinq ans, Noël avait remboursé tous les capitalistes qui lui étaient venus en aide, et comptait parmi ses clients nombre de personnages de haut bord. Sa position était conquise : il pouvait se reposer de temps à autre et songer à la brillante carrière qui s'ouvrait devant lui.

Mais, précisément alors, il s'aperçut qu'il n'avait expérimenté ni les joies de la vie, ni les jouissances que procure la richesse.

Afin de remplir le vide de ses soirées, il loua

une loge au Théâtre-Français et devint amoureux d'Ernestine.

C'était le premier amour de notre héros, amour candide et tout rempli de rêves suaves, de célestes illusions. Penché au bord de sa loge d'avant-scène, Noël admirait la gracieuse artiste et lui jetait des fleurs ; mais il ne faisait aucune démarche pour la rencontrer hors du théâtre. A son avis, cet ange devait regagner les cieux après la courte apparition que, chaque soir, il faisait sur la terre.

Tout à coup, il apprit que l'objet de son culte poétique excitait la convoitise d'un homme qui, par la naissance, le rang, la fortune, avait toutes les chances possibles de l'emporter sur lui.

Cet homme était le duc de Noirville, son principal client.

— Mon cher, dit un jour le grand seigneur

au banquier, allez-vous quelquefois à la Comédie-Française?

— Oui, monsieur le duc.

— Vous devez connaître Ernestine?

— Non..., je ne crois pas, balbutia Noël, essayant de vaincre son trouble. Je suis un spectateur égoïste, et pourvu que les acteurs me procurent du plaisir...

— Vous ne demandez pas leur nom au programme? Je comprends cela. Pour un homme grave et positif comme vous l'êtes, le spectacle est une simple distraction ; vous payez ceux qui vous amusent, et bonsoir. C'est égal, examinez cette petite. J'en suis amoureux, je vous le dis à l'oreille.

— Vous? s'écria le banquier.

Chut ! n'allez pas trahir mon secret. Vous ne sauriez croire combien c'est une vertu farouche. Il faudra décidément recourir aux ressources mythologiques et descendre chez elle en pluie d'or : nos Danaës modernes ne savent pas plus que l'ancienne résister à cela. Je vous autorise à mettre en vente mes forêts de Noirville; j'ai besoin de quelques centaines de mille francs pour mener cette intrigue à bonne fin. Ce soir même, voyez un notaire, et terminez au plus vite. Mais qu'avez-vous donc ? ajouta le duc, examinant Noël. Votre figure se décompose. Prenez garde, vous vous tuez ! Soyez moins assidu au travail. Adieu, n'oubliez pas de vendre mes bois.

Et M. de Noirville s'éloigna.

Noël roulait dans sa tête mille projets insensés.

Afin de soustraire l'actrice aux poursuites de son rival, il songea d'abord à la prendre pour femme. Réfléchissant ensuite aux clameurs que ferait jeter un pareil mariage, il se déchaîna contre la tyrannie de l'opinion, contre les injustes préjugés du siècle. Il sentait qu'une position comme la sienne était un joug dont il ne pourrait s'affranchir sans perdre l'estime et la considération péniblement acquises. Un hymen avec Ernestine le mettra dans la nécessité de vendre sa maison de banque et de renoncer à la fortune colossale dont il ne fait que de poser la base.

Il lui vint à l'esprit d'aller trouver le duc et de lui avouer tout ; mais cette pensée révolta son orgueil.

Bien que des scrupules s'élevassent dans sa conscience à la perspective de lutter de prodigalité avec son riche client, il finit par donner gain de cause aux sophismes du cœur, et sa résolution fut prise.

On sait par quels sacrifices il a voulu mettre celle qu'il aime à l'abri des attaques. Noël est sûr du directeur, le théâtre est à ses ordres, il tient le fil du labryrinthe.

Ernestine débute, et, dès le premier acte, le triomphe commence.

Toutes les jeunes actrices ont une mère qui s'arroge le droit de surveiller le trésor de leur candeur. Le type est assez connu pour qu'on se dispense de le peindre à nouveau.

Chargée de recueillir les couronnes, la mère d'Ernestine se hâte d'achever la moisson, dans la crainte que des profanes ne cherchent en son absence à se glisser dans la loge de sa fille.

— Des diamants ! je possède enfin des diamants ! s'écrie la débutante, voyant rentrer son Argus et lui montrant un écrin magnifique.

— Quoi ! tu les a reçus, malheureuse !.... Ils sont d'une belle eau, mon enfant !

— Et ce cachemire ? mais voyez donc !

— Un cachemire, fille indigne ! Ah! tu veux déshonorer mes vieux jours... Il est du plus fin tissu : quel moelleux ! quelle souplesse !

— J'ai trouvé tout cela sur mon divan, ma mère, et la porte de ma loge était fermée.

— Grand Dieu ! fit la vieille avec un grand signe de croix, serait-ce un présent du diable ?

— Non, car le diable ne m'aurait pas écrit avec cette fleur de politesse, de bon goût et de discrétion qui distingue le généreux anonyme. Écoutez !

La jeune fille lut un billet où Noël mettait à ses pieds une fortune raisonnable et un cœur brûlant d'amour. Il suppliait l'actrice de continuer la noble résistance qu'elle avait opposée jusqu'alors aux poursuites d'un homme sans délicatesse et sans conscience, lui jurant, pour sa part, le respect le plus absolu et laissant entrevoir, dans l'avenir, la certitude flatteuse du mariage.

Donc, Ernestine pouvait, sans rougir, tout accepter de son futur, d'autant plus qu'il était prêt à renouveler sa promesse de vive voix, si elle daignait lui permettre, à la fin de la représentation, de lui rendre ses premiers hommages.

Comme preuve qu'elle accédait à ce désir, elle devait porter, au second acte, la parure qui venait de lui être offerte.

Avec l'autorisation de sa mère, elle plaça les diamants sur son front et dans ses cheveux ; puis elle descendit pour recueillir de nouveaux applaudissements.

A quelques jours de là, le tilbury de

M. de Noirville s'arrêtait à la porte du banquier.

Noël avait en face de lui le bordereau de ses dépenses. Il examinait avec effroi le chiffre des sommes absorbées déjà par sa passion et se creusait la tête pour remédier à la crise inévitable qui allait en résulter.

L'idée d'une opération de bourse lui passa dans le cerveau.

Pour la première fois, il envisagea sans terreur ces tripotages financiers auxquels il lui était impossible de se livrer sur une échelle un peu vaste, sans mettre en jeu d'autres intérêts que les siens.

Lorsque son client parut, Noël venait de faire jeter à la poste des lettres adressées à plusieurs agents de change. Par ces lettres, il donnait ordre de spéculer, en son nom, sur une entreprise qui pouvait tripler ses capitaux ou les engloutir.

— Eh bien, dit M. de Noirville, prenant un siége, nos bois sont vendus. Il s'agit maintenant de m'acheter ce charmant hôtel de la rue de la Victoire, dont le baron de Perceval veut se défaire, et où je tiens à installer le plus tôt possible Ernestine.

— Comment ! s'écria Noël, vous n'y songez pas, monsieur le duc ; cela fera scandale et votre famille...

— Ah ! trève de représentations, mon cher ! Cette petite a refusé jusqu'ici tous mes cadeaux ; cependant je ne puis la prendre qu'à l'hameçon de la cupidité. Vous expliquez-vous l'entêtement et la niaiserie de ce directeur ? il repousse les offres brillantes que je lui fais, en échange de l'entrée des coulisses. Nécessairement il y a là-dessous quelque mystère. Je le dévoilerai, quoi qu'il m'en coûte !

— C'est-à-dire que vous accomplirez votre ruine pour une femme qui peut-être a donné son cœur à un autre ?

— Qu'importe, si par ce moyen je l'arrache à celui qui me la dispute !

— Soit ; faites comme il vous plaira, monsieur le duc. Puisque vous rejetez les avis que je pensais vous donner, dans l'intérêt de votre fortune et de votre réputation, j'irai trouver l'intendant du baron de Perceval, et je porterai ce soir le contrat de vente à votre signature.

— Très-bien ! mettez-y de l'activité ; car, avant une heure, Ernestine saura ce que je compte faire pour elle.

— Vous aurez tort, ce me semble, dit le banquier, cherchant à donner de l'assurance à sa voix. Mieux vaut attendre le résultat de ma démarche. Votre visite sera mieux accueillie dès que vous pourrez offrir le titre de propriété.

— Peste ! s'écria le duc, pour un prôneur de vertu, savez-vous que votre imagination vient de trouver là une rouerie délicieuse ? En effet, si je laisse à Ernestine le temps de la réflexion, peut-être me répondra-t-elle encore par un refus. J'attendrai, morbleu, je vous le jure ! Ainsi, vous le voyez, je me rends à vos avis quand ils sont raisonnables.

Après le départ de M. de Noirville, Noël se frappa le front avec une sorte de délire et s'écria :

— Puisqu'il en est ainsi, nous verrons qui de nous deux se ruinera le premier.

Depuis le commencement de ses relations avec l'actrice, le banquier se gardait bien de paraître chez elle pendant le jour. Ernestine ne connaissait pas même le véritable nom de l'amant généreux qui volait au-devant de ses moindres caprices. Noël craignait qu'elle ne fût indiscrète. Ayant à ménager cette renommée d'homme grave qui, par l'invincible attraction de la confiance, amenait des millions dans sa caisse, il ne voyait celle qu'il aimait que le soir, au théâtre ; encore prenait-il des précautions inouïes pour ne pas être connu.

Lorsque sa clé lui ouvrit le passage mystérieux des coulisses, on aurait pu le voir se glisser lentement, avec la démarche d'une ombre, dans les corridors obscurs, s'effacer derrière une décoration, puis monter à pas de loup l'escalier dérobé qui le conduisait à la loge de sa belle.

Il s'introduisait comme un voleur timipe au

milieu de cette espèce de boudoir en miniature dont l'entrée lui coûtait si cher.

Mais il oubliait ses angoisses et les sombres prédictions de sa conscience à la vue de la gracieuse comédienne qui sautillait et dansait dans cet étroit espace, comme un oiseau dans une cage dorée.

Ce jour-là néanmoins, à l'arrivée de l'actrice, l'inquiétude se peignit sur la figure de Noël.

Il avait tenu parole au duc, et ne savait pas encore de quelle manière on avait reçu les propositions de son rival.

Ernestine ne tarda pas à dissiper ses craintes

— Cherchez, mon ami, dit-elle en lui présentant un bouquet de camélias : je parie que vous trouverez une lettre cachée parmi ces fleurs !

— Vraiment oui, répondit Noël. Avez-vous reconnu la main qui vous les a jetées ?

— Le poulet doit être signé Noirville. Sans doute le duc m'adresse d'amers reproches ; car avant de me rendre au théâtre, je lui ai fait défendre ma porte.

— Connaissez-vous l'objet de sa visite, Ernestine ?

— Mon Dieu, certainement ! N'avait-il pas eu soin de se faire précéder d'un message qui m'en instruisait ? Mais, ajouta l'actrice avec son plus doux sourire, à qui donc appartient le droit de me choisir une demeure, si ce n'est à celui qui veut être mon époux ?

—Oh ! merci ! merci ! s'écria Noël, tombant aux pieds de la charmante femme. Vous n'attendrez pas longtemps la récompense : je viens d'acheter pour vous l'un des plus beaux hôtels de la rue Neuve-Saint-Georges. Il est mille fois mieux situé que celui de Noirville, et vous trouverez à minuit, à la porte du théâtre, un équipage prêt à vous y conduire.

— J'accepte, mon ami, fit simplement l'actrice en lui donnant à baiser sa main fine et rose.

Le signal du régisseur venait de se faire entendre. Ernestine disparut.

Noël se releva, l'âme joyeuse.

Après tout, ses folies peuvent se réparer encore, et maintenant de nouvelles prodigalités deviennent inutiles : le duc doit comprendre qu'il est définitivement repoussé.

Dans l'espace de quelques jours, tant pour la clé du directeur que pour les cadeaux offerts à l'actrice, la maison de campagne achetée aux environs de Sceaux à la vieille mère, et l'acquisition de l'hôtel de la rue Neuve-Saint-Georges, notre héros vient de dépenser beaucoup plus qu'il n'a gagné pendant dix longues années de travail ; mais l'intelligence des affaires, jointe à un peu de hardiesse dans certaines spéculations, ne tardera pas à combler le déficit que la nécessité de réduire à néant les projets d'un rival a laissé dans sa caisse.

Malheureusement, il oublie que ce rival, auquel il enlève tout espoir, cherchera le nom de celui qu'une beauté capricieuse honore de sa préférence, et trouvera moyen de se venger.

Un mois ne s'était pas écoulé que le duc, en dépit de toutes les précautions prises par le futur mari d'Ernestine, connut les détails les plus minutieux de l'intrigue.

L'animosité du grand seigneur fut d'autant plus vive, qu'il avait été dupe de l'apparente bonhomie de Noël.

Il se douta facilement de la gêne du banquier, résultat inévitable de l'espèce de steeple-chase que celui-ci avait eu la hardiesse de soutenir.

Une demande de recouvrement faite à l'improviste jeta Noël dans une perplexité terrible. Il fut obligé de vendre des actions, alors en discrédit, et de supporter une perte énorme, sans pouvoir imposer silence aux bruits alarmants propagés par M. de Noirville.

De nouvelles réclamations amenèrent de nouveaux désastres, et bientôt des plaintes générales éveillèrent l'attention de la justice.

Un beau jour, la foudre du parquet tomba sur le front d'un homme que, la veille encore, cent familles regardaient comme la probité même.

Pourquoi chercher le drame sur les pages de

l'histoire ou dans les champs mille fois moissonnés déjà de l'imagination ? Pourquoi créer des fantômes ou faire vivre des personnages qui dorment sous la tombe ? Chaque jour la société ne déroule-t-elle pas sous nos yeux des péripéties effrayantes ? Le drame circule autour de nous, sur nos places, dans nos rues, à l'ombre de nos promenades; il passe en calèche découverte ou traîne ses haillons dans les carrefours.

Nous l'avons dit plus haut, l'amant d'Ernestine aurait mieux fait de se brûler la cervelle que d'acheter la clé maudite.

Le monde ne pardonne jamais à l'homme positif les faiblesses du cœur.

Ce n'était pas assez pour le duc d'avoir livré à la justice le malheureux qui avait gêné ses plaisirs : il fallait encore qu'il eût la jouissance de porter le premier à la jeune actrice la nouvelle de l'emprisonnement du banquier.

Depuis trois jours Ernestine n'avait pas vu son amant.

Lorsqu'on vint lui annoncer M. de Noirville, elle tressaillit et eut le pressentiment d'un malheur : les rivaux se sont provoqués, un duel a eu lieu peut-être ?

Pour échapper aux angoisses de l'incertitude, elle donna l'ordre d'introduire le duc.

— Vrai Dieu! belle dame, s'écria celui-ci, vous avez un appartement de reine! et, sans contredit, vous êtes beaucoup plus à l'aise que ce pauvre diable de Noël.

— Ce nom m'est entièrement inconnu, monsieur, répondit Ernestine.

— Parfait!... Là ! là ! petite espiègle, à quoi

bon dissimuler ? Vous étiez libre de lui donner la préférence. Par exemple, à l'heure où je vous parle, il regrette sans doute le confortable de cette habitation, qu'il avait la joie suprême de partager avec vous, charmante.

— Monsieur, dit l'actrice indignée, je me vois forcée de vous rappeler que vous êtes chez moi.

— Chez vous ?... C'est juste... bien que pour ma part je paie au moins le tiers de cet hôtel; mais les clients du banquier ne vous réclament rien. D'honneur, bel ange, on ne pouvait se montrer plus généreux ! Savoir qu'une maîtresse est aussi bien logée doit être une grande consolation sous les murs de Sainte-Pélagie.

Ernestine venait de comprendre enfin le sens de tous ces discours ironiques.

Le mystère dont s'entourait son amant l'avait

plus d'une fois inquiétée, et la disparition de Noël lui parut offrir une fatale coïncidence avec la catastrophe annoncée par les journaux.

— Pour quelle somme êtes-vous compromis dans cette affaire ? demanda-t-elle à Noirville, qui perdit beaucoup de son assurance devant le sang-froid et l'air de dignité de son interlocutrice.

— Oh ! pour très-peu de chose... cent cinquante mille francs environ.

— Je me reconnais redevable de cette somme envers vous, monsieur. Maintenant j'ai le droit de vous prier de sortir !

Comme le grand seigneur avait l'air de ne pas comprendre cette invitation, elle sonna pour le faire éclairer.

Le surlendemain, une jeune femme, qui refusa de dire son nom, se présentait chez le syndic de la faillite Noël.

C'était l'actrice qui avait vendu en toute hâte l'hôtel de la rue Neuve-Saint-Georges, la maison de Sceaux et tous les bijoux précieux qu'elle avait reçus. Elle venait de rentrer avec sa mère dans le modeste appartement qu'elle habitait autrefois.

En quittant le cabinet du syndic, elle courut à Sainte-Pélagie, et le pauvre prisonnier baigna de ses pleurs la main de celle qui ne l'abandonnait pas dans l'infortune.

— Mon ami, dit Ernestine, vous n'êtes coupable que de m'avoir trop aimée !

Bientôt on apprit que la faillite avait recouvré huit cent mille francs de créances inattendues. Cela suffisait pour combler le gouffre du passif.

Le jour où Noël sortit de prison, il renvoya la clé de Saint-Aubin sous le pli de la lettre suivante :

« Ne rendez jamais à personne le service que j'ai sollicité de vous. D'autres, imitant mon fatal exemple, ne trouveraient peut-être pas un ange, quand aurait sonné l'heure de la ruine, pour les aider à supporter la misère et à chasser le spectre du déshonneur. — Dans quinze jours, Mlle Ernestine sera Mme Noël. »

Ceci est la moralité de notre histoire.

On est prévenu que, si la porte des coulisses conduit une fois par hasard à un heureux mariage, elle peut souvent aussi mener droit à la cour d'assises.

HISTOIRE
D'UNE JEUNE FILLE
ET D'UN ROSIER

C'était l'an dernier, vers la fin d'avril. J'avais rêvé soleil, doux rayons, cerisiers en fleurs, et j'avais quitté Paris pour aller m'installer dans une petite maison de Chatou.

Ici, me disais-je, le travail doit être plus agréable et plus facile; aucun bruit du monde ne m'arrivera plus, aucun orage des passions ne viendra m'atteindre. J'ai de beaux arbres qui m'enverront de la fraîcheur et de l'ombre. A droite sont de larges pelouses, au milieu desquelles la Seine, comme un immense reptile argenté, déroule ses anneaux et serpente. Je n'ai plus besoin de m'éperonner l'esprit pour imaginer le ciel, l'horizon, la verdure. Autour de moi rien ne me cache la perspective, rien... excepté toutefois cette autre petite maison qui s'élève à gauche et dont la fenêtre plonge assez indiscrètement sur mon balcon.

Une fantaisie curieuse détache tout à coup mes regards du site ravissant que j'admirais, pour les reporter vers cette fenêtre.

Elle est entr'ouverte.

Deux légers rideaux de mousseline ondulent au souffle du dehors et me laissent voir tantôt la moitié d'un bras, tantôt une boucle de cheveux.

La main va et vient comme celle d'une ouvrière occupée à un travail d'aiguille ; le bras me semble potelé, blanc, mignon ; les cheveux sont châtains.

Mais le vent et les rideaux ne me permettent pas d'en admirer davantage.

Heureusement le jour baisse ; on commence à ne plus voir assez pour coudre, et ma voisine ouvre sa fenêtre.

O bonheur ! c'est une jeune fille, une adorable jeune fille, de dix-sept ans à peine, fraîche comme une fleur de mai, belle comme un premier rêve d'amour !

Obéissant à un instinct de convenance, je me retire, afin de ne point effaroucher cet ange ; mais, une fois la nuit close, je me replace à mon poste d'observation.

La jeune fille a laissé sa fenêtre ouverte. Je la vois allumer une lampe, se rasseoir et continuer de coudre.

Elle est seule.

Son air calme et doux, l'ardeur qu'elle apporte au travail, le simple et modeste ameublement de sa chambre, tout en elle et autour d'elle respire l'innocence. J'aperçois sur la cheminée une image de la Vierge, et dans le fond de sa blanche couchette se dessine un Christ ombragé de deux rameaux de buis bénit.

Chère enfant ! puisses-tu ne jamais rencontrer sur ta route les piéges de la séduction ! Tu es bien jeune pour vivre ainsi dans l'isolement. N'as-tu donc plus ta mère ? Hélas ! non, je le vois. Ces deux couronnes d'immortelles, suspendues au-dessus du crucifix, sont destinées à une tombe. Pauvre orpheline ! Oh ! je voudrais être ton frère, pour éloigner les dangers qui te menacent et que tu ne prévois peut-être pas !

Ma voisine a terminé son ouvrage.

L'heure du repos est venue. Elle s'agenouille devant la Vierge, fait sa prière du soir ; puis, la fenêtre se referme et la lampe s'éteint.

Dors en paix, jeune fille !

J'attends avec impatience le lever du jour, et je retourne à mon balcon. La fenêtre de l'ouvrière est ouverte. On trottine allégrement d'un bout de la chambre à l'autre, on bat le matelas, on époussette les meubles. J'entends une voix claire essayer de joyeuses roulades, qui se mêlent à la note perçante de l'hirondelle matinale et au chant des pinsons qui se réveillent sous les tilleuls d'alentour.

Ayant achevé son ménage, ma voisine se coiffe d'un bonnet de tulle garni de rubans bleus, arrange devant une glace les bandeaux de sa chevelure et jette un manteau sur ses épaules.

Évidemment, elle se dispose à sortir. Où peut-elle se rendre si matin ?

Le démon de la curiosité me pousse. Je descends à la hâte.

Déjà la jeune fille est dans la rue.

— Bonjour, mademoiselle Marie ! lui crie une paysanne d'assez mauvaise mine, chargée de l'office de concierge et balayant le devant de la maison. Vous sortez de bonne heure.

— Oui, madame Lambert. Je vais chez le jardinier du château. La bruyère du Cap qu'il m'a vendue est défleurie ; je veux acheter autre chose.

— Pauvre chère amour ! Vous êtes bien une vraie fleur vous-même ! Je n'ai jamais eu de locataire aussi mignonne.

La jeune fille rougit et continue son chemin sans répondre.

Je la suis à distance.

Au bout de cinq minutes, je la vois franchir la grille du château, propriété fort riche, abandonnée à l'exploitation de quelques subalternes, et presque toujours ouverte aux promeneurs. J'y pénètre sans difficulté à la suite de Marie.

Car je sais à présent qu'elle se nomme Marie, le plus doux nom que puisse porter une femme.

Conduite par le jardinier dans les parterres, elle se met à courir de fleurs en fleurs comme une abeille, s'enivre de parfums et se penche avec avidité sur les corolles éblouissantes. Enfin elle s'arrête devant un superbe rosier de Hollande, et j'arrive assez près pour entendre ce dialogue :

— Il doit être bien cher, n'est-ce pas ?

— Six francs, tout au juste.

— Ah! miséricorde! je n'y mettrai jamais un pareil prix! murmure la jeune fille.

Elle soupire et jette sur le rosier un coup d'œil de regret.

Comme elle a le dos tourné, je m'approche vivement; je glisse une pièce dans la main du marchand de fleurs ; puis, montrant Marie et portant un doigt sur mes lèvres, j'ai l'air de continuer ma promenade.

— Voyons, mademoiselle, combien m'en donnez-vous, là, franchement? dit le jardinier.

— L'autre jour, vous m'avez vendu trente sous une bruyère du Cap, répondit timidement la jeune fille; je pensais ne pas payer ce rosier davantage.

— Tiens, c'est juste, vous êtes une pratique. Allons, prenez-le, ce sera trente sous comme la bruyère, et Blaise vous le portera.

— Oh! c'est inutile, je ne demeure pas loin du château.

— N'importe, pour une pratique on a des égards. Ici, Blaise! fit le jardinier, apostrophant un petit garçon qui arrosait les plates-bandes. Tu vas porter cela chez mademoiselle. Voyez! on lui met le pot sur la tête, ça le grandit comme un tambour-major.

Le gamin marcha triomphalement devant la jeune fille.

Un quart d'heure après, j'étais dans ma chambre, et j'admirais le rosier de Hollande installé sur la fenêtre de l'ouvrière. Je regardais aussi la jeune fille, mais avec beaucoup d'hypocrisie, me détournant quand elle levait les yeux de mon côté, et affichant la plus complète indifférence.

Marie soignait son rosier.

Chaque feuille était passée en revue ; on en secouait délicatement la poussière et les insectes. Deux ou trois boutons commençaient à s'ouvrir ; on les examinait avec amour ; puis on allait chercher de l'eau dans un vase, on humectait la terre avec toute la précaution d'un horticulteur consommé.

C'était charmant.

Oh ! tu resteras sage, ma douce colombe ! tes goûts et tes plaisirs sont purs comme le fond de ton âme. Cultive ton rosier, travaille, prie, conserve pieusement le souvenir de ta mère, et Dieu te bénira, sois-en sûre ! Un jour, bientôt peut-être, quelque brave artisan te nommera sa femme. Tu seras bonne épouse et bonne mère ; tu auras des enfants, de petits anges, que tu élèveras dans l'amour de la patrie et du travail.

Je vis Marie prendre un livre, un livre de messe, car c'était un dimanche.

Elle respira une dernière fois les douces émanations du rosier, ferma la fenêtre et descendit.

— Pourquoi n'irais-je pas à la messe aussi ? m'écriai-je.

Descendant à mon tour, je rejoignis la jeune ouvrière. Je la précédai de quelques pas, et lorsque nous fûmes au seuil de l'église, je cédai à la tentation de me retourner pour lui offrir de l'eau bénite. Elle répondit à ma politesse par un salut, se dirigea vers la nef et s'agenouilla au milieu des fidèles.

Il me semble voir encore ses longs cils rabattus sur son œil noir, ses petites mains jointes, sa taille légèrement inclinée, taille plus flexible qu'une branche de saule, et ses lèvres vermeilles qui remuaient doucement comme deux feuilles de rose au souffle de la brise.

— Peste! dit une voix à mes côtés, voilà certes une jolie fille! Que diable fait-elle ici à marmotter des patenôtres?

Je reconnus un de ces beaux ridicules, que l'été exile de Tortoni ou du Jockey's-Club, et je lui lançai un regard foudroyant. Il le soutint avec une mine railleuse, pirouetta sur ses talons et s'éloigna.

L'office terminé, je marchais à dix pas derrière Marie qui regagnait sa chambrette, lorsque je la vis accostée par ce même individu, dont le binocle, pendant la messe, était braqué sur elle.

Évidemment, il l'avait attendue à la porte de l'église.

Je compris qu'il débutait par lui tenir des

propos inconvenants, car la pauvre jeune fille tremblait et jetait autour d'elle des regards empreints d'une supplication craintive, comme si elle eût imploré l'appui des passants pour être délivrée de cet homme.

M'élancer, franchir d'un bond la distance qui me séparait de Marie, repousser son agresseur, lui donner mon adresse et présenter mon bras à la jeune fille, tout cela fut l'affaire d'une seconde.

— Oh! merci, monsieur, merci! murmura-t-elle.

Je pressai le pas, afin de conduire Marie jusqu'à sa porte, et je revins aussitôt, croyant retrouver l'homme qui l'avait insultée.

Le lâche était parti. A-t-il donc voulu se soustraire au châtiment que je lui réservais?

Je rentrai chez moi.

Longtemps il me fut impossible de reprendre du calme.

Quelle étrange émotion s'emparait de mon cœur ! d'où provenaient mes élans fougueux ? Il m'était arrivé dans les rues de Paris d'assister à des scènes absolument semblables, j'avais remarqué cent fois de malheureuses femmes assaillies, tourmentées par des séducteurs en plein vent, et l'on ne m'avait jamais vu prendre leur défense. Au contraire, il m'arrivait de sourire à l'aspect de leur allure incertaine, de leur contenance effarée, de leurs évolutions bizarres pour faire perdre leur piste à ces limiers érotiques. Certes, il y avait loin de mon indifférence habituelle à cette ardeur subite qui m'entraînait à défendre les intérêts de la morale champêtre.

La jeune fille était assise à sa place accoutumée. Ses yeux rencontrèrent les miens. Elle me reconnut et devint très-rouge.

Mais, se remettant presque aussitôt, elle se leva, me fit un geste de remercîment et m'adressa un sourire gracieux.

Je sentis mon âme éperdue d'ivresse. Un orage descendit sur mon front; je crus que j'allais m'évanouir.

Le bandeau se déchirait. Je vis clair au fond de moi-même. Où me conduira cette passion? Suis-je capable de séduire Marie? Ne serait-il pas indigne de profiter d'un sentiment de reconnaissance pour trouver le chemin de sa tendresse, pour tuer son avenir dans sa fleur? Non, je ne la reverrai plus, je prendrai des mesures contre ma faiblesse, et, s'il le faut, je quitterai Chatou.

Un violent coup de sonnette m'arracha à mes réflexions.

J'ouvris ; deux hommes parurent.

— Monsieur, dit l'un d'eux, vous venez d'offenser le comte Ernest de Frazières, notre ami, et nous vous demandons réparation de cette offense.

— Ah! très-bien, messieurs. Vous auriez pu, toutefois, sonner moins fort. Daignez vous asseoir.

Je leur offris des siéges.

Celui qui avait déjà porté la parole reprit :

— Au sortir de la messe, le comte glissait quelques mots à l'oreille d'une jeune ouvrière, quand vous l'avez brusquement séparé de son interlocutrice, en lui jetant votre adresse avec un geste provocateur.

— Je l'avoue, répondis-je.

— Cette femme est-elle votre sœur, ou vous serait-elle unie par quelque autre lien ?

— Je la connais à peine.

— Voici qui devient inexplicable. Elle n'est pas votre parente, vous n'avez avec elle aucune relation, et vous prenez sa défense avec tant de chaleur ! Depuis feu don Quichotte, de réjouissante mémoire, je ne pensais pas qu'il y eût au monde un homme assez... chevaleresque pour rompre ainsi des lances en faveur de la première beauté venue.

— Monsieur ! criai-je avec indignation.

— Point d'emportement, de grâce ! Votre intérêt pour cette jeunesse inconnue doit être fort médiocre. Machinalement, par distraction peut-être, vous vous êtes placé en travers de la route du comte, et vous ne connaissez, monsieur, permettez-moi de vous le dire, ni la délicatesse de caractère ni la loyauté de sentiments de notre ami.

— Où voulez-vous en arriver ?

— A vous convaincre qu'il serait bienséant de ne plus vous poser en obstacle devant des projets dont l'exécution doit tourner, dans tous les cas, à l'avantage de la personne que vous protégez.

— Impossible, dis-je avec un sourire amer, de proposer plus adroitement et en meilleurs termes la complicité d'une infamie.

— Monsieur! cria-t-il à son tour.

— Voici la réponse que je vous charge de reporter en toutes lettres à M. de Frazières : le hasard a permis qu'un honnête homme se trouvât sur le chemin d'une jeune fille timide et sans expérience; elle a été sauvée d'une première tentative de séduction, bonne œuvre dont on se glorifie et qu'on ne laissera point imparfaite.

— Il est difficile alors, dit mon interlocuteur en se levant, que cette querelle se termine par la voie de la conciliation.

— Comme il vous plaira : je suis à vos ordres.

— Nous regardons comme un devoir de vous prévenir que le comte est de première force au tir et qu'il a huit ans d'escrime.

— Voilà qui me décide, messieurs, à lui laisser le choix des armes.

— Nous choisissons l'épée.

— J'accepte. Votre jour ?

— Demain. La campagne de M. de Frazières est à deux lieues d'ici, près de Saint-Germain, sur la ligne du chemin de fer. Ce sera de ce côté que le combat aura lieu si vous daignez y consentir.

— Soit. C'est chose convenue.

Les témoins du comte se retirèrent, et j'envoyai un exprès à deux de mes amis, qui accoururent le soir même.

Quel autre, à ma place, eût reculé? J'avais eu le premier tort, j'en conviens, si toutefois c'est un tort de protéger la vertu. Mon amour pour Marie ajoutait maintenant à ma susceptibilité, j'en conviens encore; mais, afin de combattre cet amour, n'allais-je pas prendre des mesures contre moi-même? N'étais-je pas résolu à m'éloigner, à souffrir plutôt que de compromettre la candeur de cet ange? Et voici qu'un autre homme, un fat, un coureur de boudoirs veut flétrir cette fleur d'innocence que je respecte! Il ose me demander la promesse de ne plus lui faire obstacle; il m'insulte à la fois dans mon orgueil, dans ma délicatesse, dans mon amour! Malheur à lui!

Au lever du soleil, nous étions sous une avenue de la forêt de Saint-Germain, où Frazières et ses témoins devaient nous rejoindre.

Ils arrivèrent dans un élégant coupé. Un domestique à cheval les accompagnait.

Le terrain choisi et les armes mesurées, le comte, avant de prendre la sienne, tira de sa poche un portefeuille et appela le domestique.

— Cinq louis pour toi, si tu es dans une demi heure à Chatou, et si tu remets cette lettre à mademoiselle Marie Lagrange, n° 22, rue de Seine.

Je poussai un cri de fureur.

— Qu'avez-vous? me demanda Frazières avec un flegme insolent. Voilà des épées, voici ma poitrine. A quoi bon vous occuper du reste? En garde, monsieur!

Nous croisâmes le fer.

J'avais soif du sang de cet homme; je l'aurais

vu tomber percé d'outre en outre que j'aurais dit : « Tant mieux ! Marie est sauvée ! »

Chose bizarre dans un adversaire d'une force évidemment supérieure à la mienne, il se bornait à la défensive et n'attaquait point. On eût dit qu'il usait d'indulgence à mon égard, ou qu'il cherchait l'occasion de se faire blesser légèrement pour mettre un terme au combat. Toutefois, cette dernière idée ne me vint qu'ensuite. Croyant que le comte ménageait ma faiblesse, je m'indignais et je jurais tout bas de le châtier de son impertinente présomption ; mais alors même et à l'instant où il venait de rompre devant une passe rapide, il fit un mouvement si malheureux ou si bien combiné, qu'il reçut ma pointe dans l'avant-bras, et laissa tomber son arme en disant :

— Je suis touché !

Le sang jaillit de la blessure; les témoins se jetèrent entre nous.

On soutint M. de Frazières et on le fit remonter dans son équipage.

— Adieu, me dit-il, noble champion du beau sexe, vaillant émule du célèbre héros de la Manche! Je possède à l'Académie française un oncle vénérable auquel je vous recommanderai, comptez-y! Le bonhomme vous proposera pour le prix Monthyon. Du reste, j'ai l'espoir d'acquérir de nouvelles preuves de votre mérite. On a dû me louer, ce matin, au rez-de-chaussée de la maison n° 22, un appartement que mon tapissier meuble à l'heure où je vous parle. Mes fenêtres sont en face des vôtres, et je serai ravi, je vous le jure, d'étudier les mœurs d'un homme vertueux. J'ai toujours eu du goût pour l'histoire naturelle.

— Misérable! criai-je, luttant contre mes témoins qui voulaient me retenir, tu t'es fait blesser tout exprès !

— Vous l'avez dit, intrépide paladin, et, ma foi ! c'est de bonne guerre. Mon bras en écharpe me donnera près de la fillette un air très-intéressant.

Il ordonna de fouetter les chevaux, et la voiture partit au galop.

Je me demande comment je ne suis pas devenu fou de colère et de douleur. Cependant je sentis qu'une fureur impuissante ne remédiait à rien. Le mieux était de recouvrer du sang-froid pour déjouer les entreprises d'un fat.

Oh ! je reverrai Marie, je lui parlerai, je saurai la prémunir contre d'odieuses tentatives !

Si Frazières me précède chez ma voisine, s'il essaye de me perdre dans son esprit, s'il entame ses indignes manœuvres, qu'importe? il ne réussira pas, je suis sans crainte. La pieuse jeune fille, reconnaissant l'impertinent dont je l'ai délivrée, l'écrasera de son mépris. Et puis, Frazières, malgré sa vanité présomptueuse, n'aura garde de risquer ainsi tout d'abord le succès qu'il ambitionne.

J'étais redevenu tout à fait calme.

Annoncer trop brusquement à la jeune fille les projets insensés du comte serait une maladresse. Bien plus, Marie pourrait y voir une offense. Je lui laisserais entendre par là que je la juge capable de succomber. La religion n'est-elle pas sa meilleure égide? A-t-elle besoin de mes conseils quand Dieu la soutient?

Consolé par ces réflexions, je regagnai Chatou.

Il me semblait que l'orage de la passion s'apaisait en moi, que mon amour pour Marie se changeait en une affection fraternelle et tranquille, dont je n'aurais à craindre ni trouble ni remords.

Marie ! chère enfant ! sans doute elle est là, dans sa petite chambre. J'aperçois le rosier, toujours frais, toujours vert ; mais où est la jeune fille, où est ma plus belle fleur ? Je la découvre enfin. Pauvre ange ! elle est agenouillée devant le Christ, elle prie. Son visage est inondé de larmes. Elle se lève et prend sur sa table à ouvrage un papier déployé, qu'elle parcourt, qu'elle relit une seconde fois, dont elle semble peser tous les mots, toutes les phrases.

Grand Dieu ! serait-ce la lettre du comte ? Oui, plus de doute.

— Déchire-la, Marie, déchire-la cette fatale missive ! ne prête pas l'oreille au tentateur, jette au vent les débris de ce papier maudit !... Frazières ! lâche ! infâme !... Et je ne l'ai pas tué, cet homme !... Il est là, peut-être à quelques pas d'elle comme l'assassin caché dans l'ombre méditant et préparant son crime !

La porte s'ouvre.

— Merci, mon Dieu ! ce n'est pas le comte ; c'est une femme, la concierge de la maison, la même qui balayait le trottoir le jour où l'ouvrière descendait pour se rendre chez le jardinier du château. Elle s'approche de Marie, elle lui parle.

On tressaille, on l'écoute avec un intérêt avide ; puis, la concierge essaie d'entraîner la jeune fille, qui fait un geste de dénégation craintive.

Je me sens pris d'une vague terreur.

Les paroles de cette femme, je ne les entends pas ; mais un pressentiment invincible me la dénonce comme un mauvais génie, venu là tout exprès pour détruire les inspirations du ciel.

Cédant à mon effroi, je pousse un cri, je me penche à la balustrade et je dirige vers l'ouvrière des mains suppliantes.

Marie tourne la tête et me regarde.

Ses joues, couvertes de pâleur, s'animent. Elle me lance un regard d'indignation, puis la fenêtre se referme avec violence.

Quelques feuilles du rosier chéri, cédant au choc, sont emportées par le vent. Fatal présage!

Tout à coup une autre fenêtre s'ouvre au-dessous de la jeune fille. Un homme apparaît, le bras en écharpe, couché mollement dans un fauteuil et tenant une cigarette de la main qui ui reste libre. Il m'envoie des bouffées iro-

niques. Je distingue son dédaigneux sourire.
C'est M. de Frazières.

— Je suis à toi ! criai-je avec fougue. Tu ne te battras plus, c'est possible ; mais nous aurons, en présence de Marie, une explication qui ne sera pas à ton honneur.

Et je descendis, les membres frémissants, la tête en feu.

Parvenu sous le vestibule de la maison qu'habitait l'ouvrière, je rencontrai un obstacle que j'aurais dû prévoir. La concierge avait quitté la chambre de Marie et se tenait debout sur les premières marches de l'escalier. En m'apercevant, elle cria :

— Hé, Lambert ! notre homme, arrive un peu !

Un abominable personnage sortit de sa loge. Il avait les reins sanglés par un épais tablier de cuir et portait un vieux bonnet de loutre qui lui donnait une mine féroce. Ses bras nus et son visage étaient noircis d'une façon repoussante ; il tenait une botte à demi ressemelée, qu'il agita vers moi avec menace.

— On a votre signalement, me dit-il, vous n'entrerez pas !

J'eus beau tenter la séduction, j'eus beau recourir à la prière ; l'odieux couple me poussa brutalement dehors.

La foule commençait à s'amasser. J'entendais des commentaires, des murmures, des éclats de rire ; mes oreilles tintaient ; mes yeux égarés ne distinguaient plus rien.

Au lieu de rentrer chez moi, je descendis au bord de la Seine.

Une pluie d'orage tomba. Je ne sentais point l'averse qui pénétrait mes habits et glaçait mes membres. Le vent emporta mon chapeau ; je continuai de courir le long du fleuve, la tête nue, les cheveux ruisselants.

On me trouva, le soir, sur la berge, sans connaissance, avec une fièvre aiguë, qui me mit à deux doigts du tombeau.

Cependant, grâce à une constitution robuste, je triomphai du mal.

Mon médecin était venu de Paris. Il ne m'avait pas quitté d'une heure. Quand je repris l'usage de mes facultés, le brave homme se trouvait à mon chevet.

— C'est vous, docteur? murmurai-je. Où suis-je?... Comment êtes-vous là?... j'ai donc été bien malade?...

— Oui, me répondit-il. Toutefois, vous allez mieux, beaucoup mieux. Je vous sauverai, si la raison prend le dessus et si vous avez le courage de chasser des idées dangereuses. Il faut me le promettre.

— Marie ! pauvre Marie !

— Justement, voilà ce que vous avez trop répété depuis neuf jours : « Marie ! pauvre Marie ! »

— Ah ! je suis bien malheureux, docteur !

— Pleurez, me dit-il, pleurez, cela soulage. J'ai vu de grandes maladies emportées ou prévenues par un rhume de cerveau.

— Y a-t-il de l'inconvénient à ouvrir ma fenêtre, docteur ?

Non, la température est douce ; un peu d'air vous fera du bien.

— Quel beau temps, docteur ! Comme le ciel est pur ! Je me sens déjà renaître. Il me semble que j'aurais la force de quitter mon lit et d'aller faire un tour sur le balcon.

— Gardez-vous-en bien! s'écria-t-il.

— Rassurez-vous, je n'ai pas l'intention de vous désobéir. Dites-moi, docteur: sur la fenêtre de la maison à gauche, apercevez-vous un rosier?

— Oui, je l'aperçois.

— Il est bien fleuri, n'est-ce pas, docteur?

— Non... toutes les roses sont fanées. La personne à qui cet arbuste appartient le soigne mal. On ne l'a point arrosé depuis longtemps; les rayons du soleil en jaunissent la verdure.

— Hélas! elle ne le soigne plus! murmurai-je si bas que le docteur ne put m'entendre. Pauvre jeune fille!

— D'ici, vous avez une vue charmante.

— Hélas! hélas! répétai-je avec un douloureux soupir.

— Qu'y a-t-il? vous sentez-vous plus souffrant?

— Oh! ceux qui soutiennent que l'homme est

un animal raisonnable ne le sont guère eux-
mêmes, docteur ! dis-je avec amertume. Pauvre
Marie ! si pieuse, si candide, et maintenant...
Mais, regardez un peu à la fenêtre au-dessous...
Il doit être là.

— Qui donc ?

— Lui !... Oh ! cet homme ! cet homme !

Et je retombai sur mon lit, pâle, frissonnant,
les tempes inondées.

Ma guérison fut longue et difficile.

Enfin arriva le jour où l'on me permit de me
lever. Le docteur me conduisit sur le balcon, et
j'aperçus l'arbuste, dont les branches se balan-
çaient tristement.

Une feuille, une seule, mais décolorée, mais
flétrie, s'agitait encore à l'extrémité de la tige.

Le vent semblait avoir attendu ce moment
pour la détacher. Je la vis tourbillonner et des-

cendre. Un souffle l'enlevait au ciel, un autre souffle la poussait vers la terre. Je suivais d'un œil morne ce dernier débris de mon rêve. La feuille voltigeait à la hauteur du vestibule où mes efforts pour sauver Marie avaient été si cruellement repoussés.

Qu'ai-je vu !... miséricorde du ciel !... Là, sous ce vestibule, des tentures funèbres, un cercueil !

— Oui, dit tranquillement le docteur... une jeune fille, je crois, qui s'est asphyxiée pour ne pas survivre à son abandon.

En même temps la dernière feuille du rosier s'abattait sur le drap mortuaire.

CARLE VANLOO

La guerre de la succession d'Autriche durait déjà depuis dix ans. Elle menaçait de ne point finir, lorsque le comte Maurice de Saxe jeta tout à coup sa lourde épée dans la balance et fit pencher pour nous la fortune.

Ayant reçu de Louis XV le bâton de maréchal, il s'empare de Prague et d'Agra, chasse les Impériaux de l'Alsace, les tient en échec dans les Flandres, gagne la bataille de Fontenoy et se fait ouvrir les portes de Bruxelles, où il se décide à prendre ses quartiers d'hiver

On loge le maréchal à l'hôtel de ville.

Bientôt Maurice de Saxe est adoré des Flamands. Il donne le signal des fêtes et des plaisirs.

Un valet de chambre expérimenté s'efforce de métamorphoser le soldat en Adonis, — besogne difficile, car le héros de Fontenoy touche à la cinquantaine. Des essences précieuses réussissent néanmoins à rendre une fraîcheur artificielle à un teint noirci par le soleil et la poudre, et, sous le brillant costume qui, dans les salons de Versailles, lui a valu tant de coups d'œil assassins et tant de sourires, Maurice de Saxe papillonne autour des blondes Flamandes.

Nouveau sultan, il s'apprête à jeter le mouchoir.

En Flandre, comme en Italie, les femmes avaient coutume, à cette époque, de se choisir un sigisbée, sorte de protecteur chargé de les accompagner au bal et au spectacle.

L'œil exercé du maréchal distingua bientôt, parmi les dames invitées à ses fêtes, celle qui méritait le plus ses hommages.

Il devint le sigisbée de la comtesse Emmeline de Brabant.

Emmeline avait pour époux le frère du bourgmestre, personnage très-vieux, très-goutteux, à demi paralytique et membre du conseil de ville.

Maurice de Saxe admirait les grands yeux d'azur, la chevelure soyeuse et la taille élégante de la jeune comtesse. Le ton dégagé d'Emmeline, son goût pour les fêtes, son entraînement à la danse, tout faisait croire à une conquête facile. D'ailleurs, le maréchal pensait que la belle-sœur du bourgmestre ne devait point raffoler de son époux septuagénaire.

Bientôt il s'aperçut qu'il avait caressé de trompeuses espérances.

En vain ses magnifiques équipages, que vingt

felouques lui avaient amenés par Ostende, sortaient chaque matin de l'hôtel de ville pour aller prendre les ordres de la comtesse, en vain son valet de chambre glissait une multitude de poulets dans les interstices d'un bouquet de fleurs ou sous des nœuds de rubans sortis du magasin de la bonne faiseuse, le maréchal en était pour ses fleurs, ses rubans et son éloquence.

Il devint jaloux et, ne s'expliquant le peu de succès de ses galanteries que par la préférence accordée sans doute à un rival plus heureux, il chargea des espions de rôder nuit et jour aux environs de la demeure d'Emmeline.

Un soir, à la nuit close, Maurice de Saxe prend un costume de bourgeois pour sortir de l'hôtel de ville et voir si l'on exécute ses ordres.

Toutes les rues sont désertes; le voisinage de la maison d'Emmeline est plus désert encore et plus silencieux que les quartiers d'alentour. Sans doute les espions s'enivrent dans quelque taverne aux dépens du maréchal, afin de ne pas gagner un rhume à la belle étoile.

Maurice lui-même trouve que c'est une médiocre jouissance de battre le pavé par un temps de neige et par une bise glaciale. Il se dispose à rentrer chez lui, quand tout à coup il aperçoit un homme appuyé contre l'angle de la maison qu'il fait surveiller.

S'approchant aussitôt, le maréchal peut aisément reconnaître que cet homme n'appartient point à sa police secrète. Il tressaille en voyant l'inconnu tourné vers la fenêtre d'Emmeline.

— Par la corbleu! vous allez vous battre avec moi! s'écrie-t-il. En garde!

Sans autre préambule, il tire son épée.

L'homme fait volte-face, se drape dans son

manteau, toise fièrement celui qui l'apostrophe et répond :

— Si tu es un voleur, tu n'as pas de chance : je viens de donner ma dernière pistole à deux faquins dont la présence me gênait dans cette rue. Crois-moi, l'ami, va chercher fortune ailleurs.

— Insolent !

— Oh! oh!... Qui donc êtes-vous, pour le prendre sur un pareil ton ?

— Je te le répète, en garde !

— Il est fâcheux que je n'aie pas d'autre arme que cet instrument, dit avec ironie l'inconnu, qui se baissa pour ramasser une guitare appuyée contre le mur, sans quoi j'aurais volontiers mesuré ma lame à celle du maréchal de Saxe.

Entendant prononcer son nom, Maurice fut un instant déconcerté.

Dans son transport jaloux, il ne s'était pas aperçu que la fenêtre devant laquelle il avait trouvé son rival en contemplation laissait échapper une faible clarté qui venait de trahir le grand seigneur sous les habits du bourgeois. Il examina plus attentivement le personnage qui parlait avec tant de hardiesse, lui trouva grande mine, et dit avec bienveillance, après avoir remis son épée au fourreau :

— Qui êtes-vous, jeune homme?... Touchez là!... Nous pouvons avoir ensemble une autre explication que celle des armes.

L'étranger repoussa la main que le maréchal lui tendait.

— Vous cherchez à séduire une femme que j'aime, monseigneur, répondit-il, toujours avec un accent ironique. Sans aucun doute vous l'emporterez sur moi, car depuis deux ans mes regards seuls ont dit à Emmeline que je l'adore. Elle me connaît à peine, moi, pauvre artiste qui la contemple de loin avec extase ; elle ne se doute pas qu'un homme caché sous la colonnade des palais soupire et pleure quand il la voit, resplendissante de pierreries, se mêler au tourbillon des fêtes, écouter les propos vides et les fades compliments de ces mannequins dorés....

— Vous vous oubliez, monsieur; veillez à vos paroles, interrompit Maurice de Saxe.

— De ces hommes qui n'ont rien là, poursuivit l'inconnu en frappant sa poitrine. Oh! je vous connais, monseigneur! Je suis peintre; j'ai travaillé à Rome et à Paris, sous l'œil des maîtres. Il m'est arrivé plus d'une fois de vous rencontrer à Versailles, à Saint-Germain, à Marly, sous les allées des parcs royaux où vous aimiez à égarer les duchesses, ce qui ne vous empêchait pas de courir les rues avec un déguisement pareil à celui que vous portez ce soir pour séduire des bourgeoises.

— Assez, mon cher, assez! dit le maréchal,

haussant les épaules; il n'est pas un enfant de sept ans en Europe qui n'en sache autant vous là-dessus. D'ailleurs, le temps et le lieu sont fort mal choisis pour continuer cet entretien. Veuillez m'accompagner chez moi, nous causerons plus à l'aise.

Le peintre suivit Maurice de Saxe, qui ne tarda pas à l'introduire dans les splendides appartements de l'hôtel de ville.

Monseigneur sonna ses gens, se fit coiffer de nuit, et vint s'asseoir en robe de chambre à quelque distance de son rival. Celui-ci avait souri de pitié en voyant le vainqueur des Impériaux se livrer gravement à de minutieux détails de toilette.

C'était un homme d'une trentaine d'années environ, dont le costume sévère, dégagé des futiles ornements que la mode attachait aux habits de cour, faisait ressortir une taille majestueuse et bien prise. Son visage avait la pâleur mate des peuples méridionaux. La régularité de ses traits et la noblesse de sa tournure n'échappèrent point au maréchal, qui fit une légère grimace, tout en réfléchissant, à part lui, qu'Emmeline devait être flattée d'avoir pour adorateur un cavalier si parfait.

— Monseigneur, dit le peintre, je dois vous dire mon nom, puisque vous daignez m'admettre dans votre palais : je m'appelle Carle Vanloo.

— Ah! fort bien. Je vous connaissais de réputation, monsieur. Beaucoup de personnes en France font l'éloge de votre talent. Mais il ne s'agit pas de cela pour l'heure. Nous aimons tous les deux une femme charmante.

— Pardon, monsieur le maréchal : de votre côté ce n'est qu'un caprice.

— Croyez-vous?

— Si la comtesse vous cède, elle y gagnera

l'honneur de figurer sur la liste de vos nombreuses conquêtes, honneur que je vous laisse apprécier vous-même.

— Ainsi, monsieur, selon vous, elle s'honorera davantage en vous préférant à moi?

— Une femme se déshonore beaucoup moins en partageant un véritable amour, qu'en se jetant aux bras d'un séducteur qui lui laisse le regret d'avoir été trompée.

— Vos discours sont mordants et votre logique est rude, monsieur, dit Maurice, admirant malgré lui le courageux langage de son interlocuteur. Mais enfin quelle conduite pensez-vous que je doive tenir en cette occasion?

— Faut-il l'indiquer au maréchal de Saxe, qui me provoquait tout à l'heure?

— Nous battre? Toutes réflexions faites, ce serait un parti peu sage pour vous comme pour moi : pour vous, qui êtes plus habile sans doute à manier le pinceau que l'épée; pour moi, dont la mission n'est pas remplie. Vous savez, monsieur, que les intérêts de la Flandre demandent encore le secours de mon bras. Trouvons un autre genre d'accommodement qu'un duel. D'abord, je serais au désespoir de vous tuer.

Convaincu que le maréchal raillait, Carle Vanloo se leva tout à coup, pâle, frémissant, l'œil allumé par la colère.

— Pourtant, cria-t-il, me tuer serait le plus court! Si vous persistez à séduire celle que j'aime, tôt ou tard j'obtiendrai la satisfaction que vous me refusez aujourd'hui, monseigneur. Dussent toutes les Flandres subir de nouveau le joug de l'Autriche, je trouverai moyen de sauver Emmeline de la honte d'amuser vos loisirs!

— Ainsi vous m'assassineriez? demanda le maréchal avec beaucoup de sang-froid.

— Je vous assassinerais, monseigneur.

— Diable !

— C'est mon droit, dès que vous refusez de vous battre.

— Allons, allons, jeune homme, n'essayez pas de me pousser à bout ! Longtemps avant que vous fussiez né, j'avais fait mes preuves.

— Vous refusez le combat, parce que vous me jugez un adversaire indigne de vous ! s'écria le peintre avec une exaltation croissante. Apprenez que les beaux-arts, auxquels j'ai voué ma vie, donnent aussi des titres de noblesse; je suis noble, je suis votre égal !

— Le maréchal de Saxe n'aborde jamais de semblables discussions, monsieur.

— Toujours est-il, ajouta Carle, que vous ferez bien de vous tenir à l'abri de ma vengeance.

— J'ai l'habitude de braver tout ce qui ressemble à une menace. Renoncez à votre système d'intimidation. Je ne me battrai pas, je continuerai de poursuivre de mes galanteries la belle-sœur du bourgmestre, et si vous refusez de me tendre la main lorsque vous aurez entendu ce qu'il me reste à vous dire, je vous fais enfermer à l'hôpital des fous.

Ces mots prononcés d'un ton railleur achevèrent de convaincre Vanloo qu'il était victime d'une mystification.

Il s'élança, rapide comme l'éclair vers une épée suspendue près de là ; mais Maurice de Saxe, qui prudemment avait gardé la sienne sous sa robe de chambre, attendit de pied ferme, et, par une adroite manœuvre, fit sauter au plafond l'arme du peintre.

— Vous n'êtes pas de force, jeune homme, dit-il. Revenez vous asseoir et écoutez-moi.

Carle tomba sur un fauteuil en poussant une exclamation désespérée.

— Je vous propose une autre sorte de duel,

poursuivit Maurice. Nous aimons la même femme : que chacun de nous s'efforce de lui plaire. Celui qui réussira le premier sera tenu d'en fournir la preuve à l'autre, afin de l'engager à renoncer à une partie perdue. Attaquons la place chacun de notre côté ; que nos forces soient égales. Pour cela je vous offre ma bourse et je prends l'engagement d'honneur de vous faire inviter à toutes les réunions où se trouvera la dame en litige. Eh bien, qu'en dites-vous ? suis-je un rival généreux ?

—Monseigneur, dit Carle, dont la voix tremblait d'espérance et de crainte, vous avez dû comprendre que j'aimais sincèrement Emmeline. Ce serait une chose odieuse de vous jouer de cet amour.

— Ah ça ! quel homme êtes-vous donc ? s'écria le maréchal, blessé de la défiance qu'on lui témoignait. Je vous offre d'entrer dans une lice où vous aurez tous les avantages. Que diable, monsieur, j'ai cinquante ans et vous n'en avez pas trente; vos cheveux sont noirs et les miens grisonnent! Il serait plus généreux de ma part, j'en conviens, de renoncer à cette conquête; mais, en vérité, je ne le puis. Ma réputation vis-à-vis du beau sexe serait compromise. En résumé, je vous laisse une assez jolie chance. Sommes-nous enfin d'accord?

La proposition parut tellement originale à Vanloo, qu'il oublia sa colère et ne put s'empêcher de sourire, en prenant la main que Maurice de Saxe lui offrait avec une cordialité pleine de franchise.

— J'accepte, monseigneur, dit-il.

— A l'œuvre donc! s'écria le maréchal. Vous toucherez trois mille livres par mois pour vos frais de représentation; voici d'avance trois rouleaux d'or. Demain je donne une fête, et toutes les portes de l'hôtel de ville vous seront ouvertes. Ah ! j'oubliais ! s'il arrive que je sois obligé de m'absenter comme général, il y aura, dès lors, suspension d'armes, et vous m'accompagnerez, sans quoi vous auriez trop beau jeu. Il faut de la justice !

Les clauses de ce pacte étrange une fois arrêtées, nos deux rivaux se séparèrent.

Dans la soirée du lendemain, les fenêtres de l'hôtel de ville resplendissaient de clarté.

Carle Vanloo, debout près de la porte du premier salon, regardait entrer les nobles Flamandes et tremblait de ne pas voir paraître celle dont il allait dorénavant partager les plaisirs. Un caprice de Maurice de Saxe le poussait dans ce monde inconnu, dont il avait maudit les joies enivrantes, de ce monde de parfums et de fleurs où vivait Emmeline. Reconnaîtra-t-elle, hélas ! le timide artiste qui n'a jamais osé lui déclarer son amour ?

A tout hasard, Carle roulait entre ses doigts un papier presque imperceptible, lorsque la comtesse de Brabant fit son entrée dans les salons au bras du bourgmestre.

La jeune femme ne put réprimer un tressaillment de surprise à la vue de celui qu'elle rencontrait partout sur ses pas et dont elle connaissait la passion muette. Émue et rougissante, elle essaya de s'éclipser dans la foule pour échapper aux yeux noirs de Carle qui l'inondaient de regards brûlants.

Ce trouble fut remarqué de l'heureux artiste. Le bonheur fait naître la hardiesse. Vanloo rejoignit Emmeline et l'invita pour le plus prochain ballet. La comtesse avait à peine accueilli cette invitation, que Maurice de Saxe arriva juste pour être témoin de la première victoire de Carle.

— Vive Dieu ! dit-il à l'oreille du peintre, vous anticipez sur mes droits de sigisbée.

— Comment cela, monseigneur ? Nos conventions me le défendaient-elles ?

— Non, je l'avoue... Dansez !... Mais c'est une guerre à outrance, je vous le déclare.

Vanloo se perdit avec Emmeline au milieu d'un éblouissant tourbillon de lumière et de soie. Pendant la danse, un magnifique bouquet de roses s'étant détaché de la ceinture de la comtesse, Carle, par un mouvement rapide, glissa son billet au milieu des fleurs, seconde victoire dont le maréchal ne se doutait guère, en comparant, quelques minutes après, les joues d'Emmeline à la plus fraîche de ces roses.

Maurice de Saxe dansait à son tour avec cette femme adorée et prenait des allures de lovelace qui ne laissaient pas que d'inspirer à l'artiste de vives inquiétudes.

En ce moment, il entendit une voix semimasculine prononcer à ses côtés le nom du vainqueur de Fontenoy.

Il se retourna et reconnut la femme d'un noble, à la table duquel il était parfois admis en considération de son talent.

Mme de Weimar, comme beaucoup de vieilles femmes, prenait plaisir à faire passer sous les fourches caudines de la médisance tous ceux que le mouvement du bal amenait devant ses yeux. Le général français n'était point à l'abri de sa critique. Remarquant les assiduités de Maurice de Saxe auprès de la belle-sœur du bourgmestre, elle s'écria :

— Quel scandale ! Voyez un peu ce damoiseau de cinquante ans qui papillonne aux côtés de la plus jolie femme de Bruxelles !

Une idée traversa le cerveau du peintre.

— Pourquoi pas ? se dit-il à lui-même, la ruse de guerre doit être permise.

Il aborda madame de Weimar.

— Vous ici, Carle! dit la vieille femme avec étonnement. Connaissez-vous donc le maréchal, qu'il vous invite à ses fêtes ?

— Je suis au mieux avec lui, madame.

— Et vous souffrez qu'il vous enlève Emmeline ! Si j'ai bien compris vos réticences, la dernière fois que vous dîniez avec nous, la comtesse est l'objet de vos secrets hommages.

— Hélas! madame, puis-je lutter contre Maurice de Saxe ?

— C'est juste, vous ne seriez pas de force : les rides de cet homme sont un invincible talisman contre lequel ne peuvent résister les cœurs.

— Mais cette auréole de gloire qui l'entoure, la comptez-vous pour rien ?

— Sans doute, sans doute, c'est quelque chose ! N'importe, vous sacrifiez votre bonheur avec une facilité...

— Ah ! madame, si vous consentiez à me venir en aide ! Seule, vous pourriez empêcher la séduction d'Emmeline.

— Parlez. S'agit-il de jouer un tour au séducteur ?

— Oui, madame, un excellent tour.

— Comptez sur moi ! s'écria la vieille Flamande.

Vanloo raconta sa rencontre nocturne avec le général français, le pacte singulier qui existait entre eux, et termina par faire, à voix très-basse, à madame de Weimar, une proposition qu'elle accueillit avec un joyeux éclat de rire.

— Soit, dit-elle. Je suis d'un âge où les plus grandes folies ne compromettent plus une femme. Du moins, en cas de danger, serez-vous là, Carle ?

— J'ai le droit d'être spectateur invisible. Si vous me signalez un péril, je serai prêt à vous défendre.

Vanloo se hâta de quitter madame de Weimar, pour que son rival n'eût aucun soupçon de la trame qui se préparait.

A la fin du bal, Maurice de Saxe, tirant le peintre à l'écart, lui dit avec un ton de pitié comique :

— Ma foi, mon cher, il faut convenir que vous n'êtes pas un antagoniste bien redoutable ! Vous me soufflez une première danse, et satisfait d'un aussi mince avantage, vous me laissez le terrain libre, vous vous endormez sous vos lauriers ! Allons donc ! le succès me sera par trop facile ! Déjà la place est sur le point de capituler. Mais je ne veux pas abuser de votre inexpérience. Un courrier m'annonce que les Impériaux, sous la conduite du duc de Cumberland, ont eu l'audace de revenir jusqu'à Laufeld. Nous irons demain les en chasser. Peut-être, à notre retour, saurez-vous dresser un plan d'attaque.

Carle jeta les yeux sur Emmeline.

Voyant que le bouquet de roses n'avait pas quitté la ceinture de la charmante comtesse, il répondit au maréchal :

— Attendons la fin de la partie, monseigneur.

— Présomptueux ! dit Maurice de Saxe.

Trois jours après cette fête, dont les deux rivaux sortirent avec l'espérance, le maréchal, qui, d'après les conventions jurées, s'était fait accompagner du peintre dans l'expédition de Laufeld, rentrait à Bruxelles au milieu des cris d'enthousiasme de toute la ville. Ses troupes avaient battu celles de Cumberland ; il ramenait un grand nombre de prisonniers, des munitions et de l'artillerie.

Ce fut un véritable triomphe.

Penchées aux balcons, les dames de Bruxelles faisaient pleuvoir sur lui des couronnes de fleurs, et son éloge était dans toutes les bouches.

— Vrai Dieu! dit Maurice à Vanloo, qui rentrait à sa suite à l'hôtel de ville, rien ne manquerait plus à ma gloire si j'avais un rendez-vous de la comtesse, n'est-il pas vrai, Carle ? Je triompherais doublement en un jour.

— En effet, monseigneur ; mais il vous est plus facile de battre les Impériaux que de vaincre la résistance d'une femme vertueuse.

— Il n'en démordra pas ! cria le maréchal. Jamais homme ne s'est égaré plus complétement dans les sentiers de la présomption. Tenez, mon cher, voici ce qu'un messager d'Emmeline vient de me glisser au milieu de la foule :

« Lorsque tout plie devant vous, aimable vainqueur, une pauvre femme peut-elle vous résister ? Je ne retarde plus ma défaite ; mais épargnez ma timidité, ma pudeur : je vous demande en grâce le silence et l'ombre. Ce soir, à minuit, une de mes suivantes m'accompagnera jusqu'à la porte secrète du palais. »

— Eh bien ! dit le maréchal en repliant la lettre, vous reste-t-il encore des doutes ?

— Je n'ai point vu de signature, monseigneur, murmura le peintre avec une attitude consternée. Peut-être ce billet ne vient-il pas de la comtesse.

— Et d'où voulez-vous qu'il vienne ? du diable ? s'écria Maurice de Saxe. Vous êtes un homme incorrigible.

— Il me faudra d'autres preuves, monseigneur.

— Vous en aurez, par la sambleu !... Là, voyons, mon cher, ne faites pas une mine aussi piteuse ! Cette volage comtesse ne méritait pas un amour comme le vôtre. Oh ! les femmes ! les femmes ! quand cesserai-je de leur faire tourner la tête ? Il faut vous en prendre à mon étoile. Maudite étoile !

A la fin de cette algarade astrologique, Maurice de Saxe permit à Vanloo de se cacher, quand sonnerait l'heure du rendez-vous, dans un cabinet voisin de la pièce où devait être reçue la beauté mystérieuse. Puis, comme le peintre objectait que la dame réclamant l'ombre et le silence, il lui serait impossible de la reconnaître :

— Bah! fit le maréchal, je ne tiendrai pas compte de ce caprice, et j'aurai soin qu'un valet de chambre étourdi m'apporte des flambeaux. Le cabinet est vitré, les preuves de ma victoire seront sous vos yeux.

Carle baissa la tête en signe d'assentiment.

Lorsque la pendule du salon lui eut montré les deux aiguilles d'or réunies sur l'heure fatale, il se dirigea vers le cabinet avec l'air abattu d'un condamné qui marche au supplice.

Pendant cet intervalle, le vainqueur des Impériaux descendit un escalier dérobé, puis rentra quelques minutes après, conduisant au milieu des ténèbres une personne silencieuse, dont il sentait la main trembler dans la sienne.

Il tira le cordon d'une sonnette ; des flambeaux arrivèrent.

— Hélas! ils venaient détruire une douce illusion ! Le galant maréchal tenait non pas la main d'Emmeline, mais celle de Mme de Weimar, qui ne s'offensa pas de l'impolitesse de son adorateur, en le voyant reculer d'effroi.

— Monseigneur, dit-elle avec un sourire plein de malice, je compte sur votre discrétion ; mon mari a quatre-vingts ans, mais il est encore très-jaloux.

— Battu ! vous êtes battu monsieur le maréchal ! s'écria Vanloo, qui ouvrit la porte du cabinet. Vos preuves ne valaient rien ; voici les miennes !

En même temps, il tendit à Maurice de Saxe un billet parfumé d'ambre, que celui-ci parcourut en donnant les marques de la plus grande surprise :

« Je vous aime et je mets cet aveu sous la sauvegarde de votre honneur. Il n'est pas de véritable amour sans estime : aussi vous respecterez mes devoirs comme je les respecte moi-même. Travaillez, Carle ! Je serai votre protectrice, votre amie, et le ciel permettra peut-être un jour que des liens plus doux nous unissent. Gardez précieusement mon souvenir, je garderai le vôtre.

« Emmeline. »

— Le bourgmestre et les membres du conseil de ville ! cria un domestique, ouvrant tout à coup la porte du salon.

Maurice de Saxe perdait la tête.

Vanloo s'empressa de faire disparaître madame de Weimar par l'escalier dérobé. Le bourgmestre entrait en grand costume, suivi d'une foule de magistrats.

— Monseigneur, dit-il à Maurice de Saxe, il n'est jamais trop tard pour annoncer une bonne nouvelle. Des courriers de Paris arrivent. En récompense de vos victoires, le roi vous nomme maréchal-général et vous fait présent du domaine de Chambord, avec quarante mille livres de revenu. Voulant vous remercier à notre tour des services rendus à la Flandre, nous décidons qu'une statue vous sera élevée sur la place Saint-Michel, et qu'on suspendra votre portrait dans le grand salon de l'hôtel de ville. Carle Vanloo, recommandé par notre belle-sœur, est l'artiste choisi pour reproduire vos traits sur la toile. Nous voulons, monsieur le maréchal, que l'Europe entière sache quelle a été notre gratitude et quelle admiration nous professons pour votre valeur.

— Tout cela est fort beau, dit Maurice de Saxe, quand le bourgmestre et les magistrats furent sortis; mais je n'en suis pas moins battu.

— Que voulez-vous, monseigneur, dit Carle, on ne peut pas toujours vaincre. J'oublierai, je vous le jure, en faisant votre portrait, la contenance que vous aviez tout à l'heure auprès de madame de Weimar, pour me rappeler seulement celle que je vous ai vue en face des Impériaux.

Maurice de Saxe pressa la main de son heureux rival.

Six mois plus tard, il l'appelait à Paris et le faisait nommer peintre du roi. Le vieil époux d'Emmeline était mort. Carle Vanloo fut un des rares artistes qui eurent à la fois gloire, richesse et bonheur.

FIN

TABLE

	Pages
LE FOU PAR AMOUR	1
LA CLÉ DE COMMUNICATION	183
HISTOIRE D'UNE JEUNE FILLE ET D'UN ROSIER	217
CARLE VANLOO	253

CHATILLON-SUR-SEINE. — IMPRIMERIE E. CORNILLAC